学问的“味道”

与燕园“大脑”面对面

李斌　魏梦佳　刘苗苗◎著

北京联合出版公司
Beijing United Publishing Co.,Ltd.

图书在版编目（CIP）数据

学问的“味道”：与燕园“大脑”面对面 / 李斌，魏梦佳，刘苗苗著 . -- 北京 : 北京联合出版公司，2020.4

ISBN 978-7-5596-4045-1

Ⅰ . ①学… Ⅱ . ①李… ②魏… ③刘… Ⅲ . ①名人—访问记—中国—现代 Ⅳ . ① K820.7

中国版本图书馆 CIP 数据核字（2020）第 036800 号

学问的“味道”：与燕园“大脑”面对面
作　　者： 李　斌　魏梦佳　刘苗苗
产品经理： 华楠楠
责任编辑： 牛炜征
封面设计： WONDERLAND Book design 仙境 QQ:344581934

北京联合出版公司出版
（北京市西城区德外大街 83 号楼 9 层 100088）
北京华景时代文化传媒有限公司发行
北京中科印刷有限公司印刷　　新华书店经销
字数 167 千字　　690 毫米 ×980 毫米　　1/16　　17 印张
2020 年 4 月第 1 版　　2020 年 4 月第 1 次印刷
ISBN：978-7-5596-4045-1
定价：58.00 元

学问是颗“多味果”

储朝晖

《学问的“味道”：与燕园“大脑”面对面》——本书作者们以“味道”为标准“品味”学问，确实是从一个新视角出发提出了新问题，并试图用对北京大学一些学者的访谈来回答这个问题。

依常理，学问是生活的一部分，生活中有什么味道，学问就有什么味道。生活中有酸甜苦辣，学问也有酸甜苦辣。或者说，学问是颗“多味果”，读了本书，你将见证燕园里的学人众生相，这个判断便得到了印证。

学问是生活的特殊部分，任何人都有生活体验和经历，但并不是任何人都能做学问。学问也是在人类生活进入较高级的发展阶段时，才成为社会中部分人的生活方式的。并且，这部分人是通过一定的社会机制才从普通人中筛选出来的。因此，学问的“味道”与普通人的生活味道不尽相同，它会更丰富、更真纯、更深沉、更浓烈、更细腻、更珍稀，这将成为本书特殊且可品味之处。

品味书中的每位学人，其学问之智、品格之仁、探索之勇、求新之奋、坚守之毅、创造之奇、包容之雅、责任之强、思想之光、智慧之芒，都足以给人留下长久、反复的回味，令人感佩。

做学问是艰难的，这是当今世界公认的。教育又是人类尖端的学问，未经历艰辛的学人是不会结出果实的。所以，做学问的经历有时会很酸很酸，超越常人所能承受的辛酸。

做学问的人心中通常是没有敌人的，他的敌人就是无知、愚昧。他试图为社会带来更多光明，为人类带来更多幸福，真诚做学问需要有“我不入地狱谁入地狱”的勇气，需要亲身体验人间的痛苦，才能辨别何为幸福、何为文明。真诚做学问，需要有经历痛苦的勇气，不惮于“苦其心志，劳其筋骨，饿其体肤，空乏其身”，才能进入学问的深层境界。所以，做学问的经历很苦很苦，远苦于黄连。

做学问并不适合所有人，原因当然多种多样，其中一个重要原因是它具有“辣味”。在愚昧的人群里揭示真理，会让大家感觉到“辣味”。学问的“辣味”集中体现在它对事物的质疑、批判上，并且它会揭示各种虚伪。不仅做学问的人自己要经得起“辣”，还有可能让身边难以承受这“辣”的人如坐针毡，不得安宁。如果一个人受不了这“辣味”，也不大可能做好学问。

当然，做学问也有“甜味”。有时很甜很甜，是世间旁人无法品味到的“甜”。只是这种“甜”并不是从一开始就有，在大多数情况下，是要经历酸、苦、辣之后才会有。如果一开始就惦念着“甜”，或是在做学问的过程中贪得“甜头”，就不可能在做学问的路上越走越远。

学问的“味道”远不止上面表述的四种。它还可能是咸咸的、涩涩的、五味杂陈的，或其他难以言表的奇特味道。从这个意义上讲，学问的“味道”是人世间较为丰富的味道，远比日常生活中所能感受到的味道丰富。阅读《学问的“味道”：与燕园“大脑”面对面》这本书，无疑是能体验这种丰富的“味道”的一种方式。

阅读这本书，自然不是仅仅为了获得味觉上的满足，如果您有机会做学问，这将是难得的导引。即便您不以做学问为职业，那些被访谈者原汁原味的人生经历，原本就是超越时光、跨越行业的关于人生的“学问”，善于分享便知奥妙无限，哲理丰富，回味无穷，乐趣无边，受益也必定良多。

缘于此，特作序推荐。

（储朝晖：中国教育科学研究院研究员，1981年确立“把教育办得更好”作为职志，2002年起致力于为中国大学“立心”。出版《中国大学精神的历史与省思》《中国近代大学精神史》《中国教育再造》《理想大学》《重建教育生态》等著作20余本，约400万字。）

未名何美

潘　燕

20世纪90年代初我在北大读书时，面向南门主路的大讲堂一侧，有八个赭底烫金大字：“爱国、进步、民主、科学”。

大讲堂在北大核心区，记得当年入学时拉着行李箱经过此地，我曾问迎新的师姐：“这是校训吗？”得到的回答很模糊，我甚至记不清她是怎么回答我的。

后来别人问起我这个问题时，我也多语焉不详。这与隔壁大学理工男每次说起“自强不息，厚德载物”时的一脸自信自豪，很是不同。

直到看到这部书稿，看到时任北京大学校长的林建华先生在访谈中说:“北大是一个很有意思的学校，没有校训，也没有校歌……就像‘未名湖’一样，一群知识渊博的人给一个湖起名字，最后还是用‘未名’

两个字，就是没有名字。”林建华先生是1978年入学的“老北大人”，“没有校训”之说当为定论。这也让我们这些从那个园子里走出来的人，心有戚戚焉。

这当然不是说“北大精神”中没有那八个字。

事实上，“爱国、进步、民主、科学”已很好地概括了从百年前五四运动，到20世纪80年代“团结起来、振兴中华”“小平您好”，以至毕生报国的于敏、王选、吴文俊，更有今天仍皓首伏案的屠呦呦、楼宇烈等诸位先生的精神。只是，已走过120年之久的北大，若论其内涵，终究不仅仅是这八个字。

庄子讲“得鱼而忘筌”“得意而忘言”（《庄子・外物》），这大概也是在北大诸景中，最为大众所熟知的是“未名”之湖，而既博且雅的“博雅塔”至今仍声名寂寂的缘故吧。林建华校长说“一群知识渊博的人给一个湖起名字，最后还是用‘未名’两个字”，正如《孟子・万章章句上》中所说的“是为得之”。

回到《学问的“味道”：与燕园“大脑”面对面》这本书。本书的策划者和主要作者之一李斌，是1994年与我同一年进入新华社的。虽不在同一个部门，但毕业于武汉大学的他，对新闻事业的勤奋敬业和深刻体认，绝对是我们同辈中的佼佼者。20多年里，他以笔为犁，新闻足迹从北极科考到中南海时政，再到走上北京分社领导岗位后，对京城寻常巷陌、士林学府的深入采访写作，他用文字留下了很多大格局的观察与思考，这令同为新闻人的我既羡慕，又不无惭愧。

也正是这样的李斌，才能在北大建校120周年之际，和同事一起在进行诸多艰难曲折又颇见心性的采编后，以其新闻人的独到洞察力还能再次发掘出这样一篇篇深刻而深情的文字，道出朴素而深刻的“未名之美”。

为准备这篇小文，我读了书中多数文稿，也因之整个晚上都沉浸在一种既熟悉又被深深打动的精神氛围中。

北大何美？未名何美？

1925年，时于北大任教的鲁迅先生，在《北大学生周刊》的创刊号上曾发表了一篇文章《我观北大》。在那篇冷峻的小文中，鲁迅先生说，据他七八年的观察：“第一，北大是常为新的，改进的运动的先锋，要使中国向着好的，往上的道路走……第二，北大是常与黑暗势力抗战的，即使只有自己……”

感谢几位作者撰写了这本书，我以为此书得北大之美、未名之美，将有益于士林学子。是为小序。

（潘燕，新华社高级记者。1994年毕业于北京大学中文系，现任新华社《瞭望》新闻周刊常务副总编辑）

其味无穷，其乐也无穷

——学问的“味道”

李　斌

什么是“学问”？

怎样才能做好“学问”？

一个人的一生，究竟有着怎样的“学问”？

…………

四月，仲春季节，无疑是北京最好的季节之一。天气不冷不热，各种鲜花“你方唱罢我登场”，在春风里尽情绽放，让人备感这座都市的美丽和魅力。

一年多以前，也就是2018年4月，在姹紫嫣红、生机盎然的日子里，北京大学120周年校庆纪念日的前夕，我和我的同事一起走进了这座中国最高学府——北京大学。从充满历史气息的燕南园到满是各种鲜花的朗润园，从北阁到六院，我们在其间徜徉、探寻了一个多月，探究到了这所从清末走来、寄托无数国人“教育强国”梦想的学府奥秘，探寻到了智慧的密码、人生的学问……

这所已经120岁的学府，究竟蕴藏着怎样的“民族密码”？从2018年春节假期思考这个命题开始，我们就和这所中国最高学府结下了不解之缘。

以前也多次走进燕园，但每一次的印象都犹如浮光掠影。这一次，我们不仅在此重新邂逅了园中的石头、雕像、楼宇，更对这里的人物产生了浓厚的兴趣。带着一系列的问题，我们与一位位名家名师面对面，不断追问，不断求解。

那是一次历史的追寻、一次密码的破译、一次荡涤心灵的旅行……

现在，每每想起那些面对面的时刻，再次翻阅那些原汁原味的谈话记录，脑海中仍然闪烁着这些名师名家的学问之光、思想之光、智慧之光。虽然时间已经过去了一年多，但这些光芒和智慧并未褪色，仍然闪耀，令人感佩。于是，我就有一种想把这些对话和其中蕴藏的智慧、学问与更多人分享的冲动和激情。因此，在过去两个多月的时间里，我挤出节假日等休息时间，夜以继日，一点点地将这些对话进行整理、梳理……

北大，蕴藏了多少历史风云，产生了多少对未知的探索、对边界的突破。在2018年一个多月的探寻中，给人最大的一个启迪便是——

真正能够穿越时光的，是简明却深邃的思想，是让人顿悟的智慧，是给人启迪的故事。

尤其是和每位北大人面对面的对话，都让我们受益匪浅。无论是在校园里工作生活半个多世纪甚至一甲子的楼宇烈先生、叶朗先生、王选夫人陈堃銶教授，还是在年逾七旬时仍担燕京学堂重任的袁明先生，在法国工作生活多年后重回母校的著名翻译家董强先生，或者“执掌”国家高端智库北京大学国家发展研究院的姚洋院长、刚刚进入北大的著名管理学者陈春花教授，与他们的每一次对话，对我们而言都是一次考验，更是一次至深的感悟……

《荀子·劝学》有言：“不闻先王之遗言，不知学问之大也。”我要说，不深入北大，不知学问之深也……

青青校园，沉浸其中，接触到的每一位学贯中西或者纵横古今的名师名家，都让我们仿佛进入另一个世界，一个以求学、求知为己任的世界，一个充满学问的世界。在这里不仅有许多真学问，更蕴藏着关于学问的“学问”，蕴藏着关于人生的学问。

这里蕴藏着无数学问。

北大的美学教育传统从蔡元培时代就已经开启，至今仍然绵延不绝。

作为朱光潜先生和宗白华先生的学生，叶朗先生通过开设美学沙龙、开设网络课程等方式在人们心中播下美的种子。“我们要不断地做，蔡元培开创的这个传统和精神不能中断。”“不光在北大，而且要在全国范围内参与推动大中小学和整个社会重视美育和人文的教育，参与推动全社会重视中国传统艺术研究和人文科学研究。”

北大精神，究竟是什么？我们一路追问，一路探寻……

叶朗先生说：“北大的精神、蔡元培的精神在北大老一辈学者身上、年轻学者的身上都有体现。在他们身上有一种强烈的学术渴望、学术热情、学术追求，把学术研究看作自己精神的依托、生命的核心，把做学问看作自己的生命所在。”

北大原校长林建华一语道出了关于教育的学问：“我们要把教育、学习作为老师跟学生共同创造的旅程，要在实践中和创造中学习。”为了共同创造，北大致力于“创造更加灵活、更加多样化的培养方案”。

一个飞速发展的国家，蕴藏了无数待解之谜，亟待人们尤其是高校里的学者、智者们去回答。

正因为如此，林建华说：“当国家快速发展时，会带来很多很多学术问题。如果我们能够解决这些学术问题，使中国能够发展得更好更快，我们的教育和学术相应地也会更好地发展，我们就能为国家发展和人类进步做出更大贡献，在这个过程中，我们才能成为世界一流大学。”

“学问到了最高层次都是哲学，都是相通的。”姚洋坚信，北大走过100多年，有了很多的积累，回过头来审视我们的文化，审视中国道路，然后把文化和中国道路结合起来，只要这样，中国是可以出伟大思想的。而中国要想出思想、超越西方的思想，离开儒家文化是不太可能的，因为儒家思想渗透在我们的血液里。

这里还蕴藏着关于学问的“学问”。

核心技术，应该是技术领域的“最高学问”。

王选夫人陈堃銶教授，是王选在自主激光照排研发道路上并肩战斗的战友。这位年逾八旬的智者回忆起王选“做学问的态度”，就是王选自己曾经总结的16个字——选准目标，狂热探索，依靠团队，锲而不舍。

“我们中国人是很聪明的”“不相信我们做不出来”，陈堃銶的自信源自这样的自省：“核心就是，真的要爱国奉献，做事情不能够光为了经济利益，一定要沉下心来，踏踏实实地干。”

陈堃銶为人的原则很简单，就是两个字——踏实。“我觉得现在特别应该提倡两条：诚实做人，踏实做事。”“中国人需要静下心来，踏踏实实的，不要糊弄人。”“许多事情都要一步一个脚印，踏踏实实，静下心来干。”

“现在学术分工越来越细化，你不沉下心来做一些细致的研究，就不可能做出很好的研究来。”姚洋感同身受。

大学，应是大有“学问”之地。

在管理学家陈春花看来：“大学还有一个特殊的地方，就是它永远都是要引领时代的。它不仅仅是一个传播知识的地方，它更是一些有志向、有理想的人聚集在一起的地方，大家为知识而来，更为引领时代而去。”

大学的功能，究竟是什么？

陈春花自有见解：“大学有那么多的功能，但是我自己一直认为大学其实有两个最重要的特点，也是我们非常需要感恩它的。一个是它培养了信仰；第二个是大学可以培养习惯，良好的学习习惯、生活习惯。”

而作为北大，究竟因何吸引了这么多学者？

陈春花说：“这恰恰就是朗润园吸引我的地方。在这里不仅有非常多的知识，更能让人清楚地面对社会存在的真实问题，让人有一种担当和情怀。这种担当和情怀，不只是停留在口号上，而且是作为学者针对问题真真实实地能给出答案，实际上这些答案有很多已被国家宏观决策部门采用了。”

关于学问，叶朗先生对“创新”二字格外看重。

“不光是讲过去，还得有自己的创造。”他回忆起冯友兰先生关于“照着讲”和“接着讲”的提法，“哲学史是‘照着讲’，康德怎么讲的，我就照着讲。但作为哲学家，不能光是‘照着讲’，还要有新的创造，就叫‘接着讲’。‘接着讲’不是‘照着讲’，‘接着讲’是创造，‘接着讲’是发展，‘接着讲’是飞跃。”

究竟怎样“接着讲”？

叶朗先生自有答案：“要体现中国眼光、中国立场、中国精神、中国特色，最重要的是要求我们在美学、艺术学理论的核心区要有新的理论创造，要从大量的历史资料中提炼出具有强大包蕴性的概念和命题，形成一个稳定的理论核心。”

姚洋也持有类似观点："中国是一个伟大的实验场，给我们提供了很多素材。我们能不能从里面抽象出一些理论的东西来，对经济学、政治学、社会学等做出自己的贡献？"

"我们还没有到自己制定议题的阶段。"姚洋认为，"北大再往上走，一定要跨越这一步，要自己设定议题，科学研究也是。我们先开辟一个领域，让别人跟着做。"

关于学问，跨学科交流十分重要。

姚洋这样说："跨学科的交流，对提高文科科研水平肯定非常有帮助。因为学术研究没有嫁接，老陷在自己的领域里面，要想出新的东西是很难的。"

陈春花的观点也类似："如果能不断地进行跨界、融合智慧，我相信就会有很多标志性的成果出来，我对未来有信心。"

在一个人口最多、取得历史上罕见经济奇迹的国度研究学问，究竟应该怎样研究？

林建华这样说："我们国家的利益已经分散到了世界各个地方，学术研究就不应该仅仅局限于研究我们自己，而且应该往外看。"

北大，何以有如此一批沉浸在各自领域的学者？

也许就像叶朗先生所说："古人所谓'乐道'，不仅其味无穷，而且其乐也无穷。"

更让人颇为感慨的是这里蕴藏着人生的"学问"。

世事洞明皆学问，人情练达即文章。

在楼宇烈先生看来，“学生不只是从老师那儿学到一点知识，而且要跟老师学怎么样做人、怎么样做学问”，“父母不一定有很多学问，但是父母的行为规范可能对孩子一生产生影响”。

怎么样做人、怎么样做学问，有时候远比“学问”本身更为重要。

30多年来，陈春花始终保留一个身份——“老师”，在她看来，“一个人最大的成就，不是你取得了多少成绩，而是你能付出多少东西。我看一个人是否成功，最重要的标准是他帮了多少人”。

这是这位女性学者非常感性的生命认识：“这里是一季一季的花开，一季一季的灿烂。我觉得，这个很像我们做学问或者做研究所要表达的价值。这个价值就在于，你要释放你的生命力，同时你必须与这种环境相匹配和融合。当你盛开时，你就要呈现最好的方式，但是当你凋谢时，是为了下一次的盛开。我觉得这可能就是生命本身的意义。”

究竟什么是“读书”的学问？楼宇烈先生脱口而出的这段话，也许是最好的回答：“人只有尝了百味，才能够明白一些道理，才能够真正做出学问来。所以人不仅要读有文字的书，还要读生活这本书。生活是一本‘活’的书，书本是‘死’的书。”

在叶朗先生看来，北大有很多传统，其中一个重要传统是“重视美学和艺术学的学科建设，重视在高等学校和全社会开展美育、艺术教育和人文教育，引导大学生不断提升自己的精神世界，去追求一种更有意义、更有价值、更有情趣的人生”。

朱光潜先生翻译黑格尔的《美学》共两大卷三大本，还翻译了《歌德谈话录》《拉奥孔》，加在一起150万字，只花了三年时间。

这种生命的力量，让叶朗在时隔数十年后仍然惊叹：“要知道那个时候，朱先生已经是80岁高龄了，当时还能显示出惊人的生命力和创造力，这就是一种人生境界的体现。”

林建华这位历经人生磨砺的高校管理者，对当代年轻人有句忠告：“太自我的人是没有大出息的。只有真正到了‘无我’的境界的时候，你的视野才能够足够广阔。”

汉字激光照排系统的成功开发，源于王选的人生追求：“目的是要改造整个印刷行业。”源于这样朴素而真理般的认识：“如果到此（开发出原理性样机）为止的话，那等于说拿了国家的钱只做了一个实验。”

“对社会有实际作用”，而不是“拿了国家的钱只做了一个实验”。正是这样的人生追求，才有了王选夫妇和团队的百折不挠、不断创新，才有了中国人在激光照排领域的不断攀登、不断成就，以及对人生的不断跨越。

“有四句话，我觉得对他（王选）挺合适的,就是‘选准目标、狂热探索、依靠团队、锲而不舍’。这个我觉得挺能说明他为人和做学问的态度”，“他年轻的时候更不得了，年轻的时候跟着老师做计算机，他可以30个小时不睡，把身体都弄垮了。后来他就吸取教训了，不能‘开夜车’。”陈堃銶老师的话语不急不缓，清晰有力，仿佛有一种穿透岁月的力量，“要诚实做人，就是对人要真诚，不管他是什么人，是总统也好，扫地工也罢。”

…………

在采访中，这些学者不时闪耀着智慧的光芒。

他们的智慧，能让人眼前一亮，或者茅塞顿开。

像这样珍珠般的智慧，在《学问的“味道”：与燕园“大脑”面对面》里，不说比比皆是、俯首即拾，也堪称不时可见……

而这些智者，更是站在历史和现实的交汇点上，面向未来，提出了许多令人深思的问题。

袁明先生认为，“我们是谁”这个题目是一个世界性题目。

姚洋提出：“文科研究也是一样，我们能不能有自己的议题？”

叶朗先生呼吁在“有传统优势的学科和符合时代要求的学科”上“创立中国学派”，当然“创立学派不是一个人的问题，也不是一年两年的问题，需要长期做”。

董强忧心忡忡：“进入21世纪以后，世界上各个文明之间的冲突越来越强，而且这种冲突强到了让我们诧异的程度。这是一种倒退。”“因为文明与文明之间的交流不够，就是因为相互之间的了解不够。”

…………

“学问学问”，首先得学会问、在问中学。

面对每一位受访的名师名家，我们都要提前做好功课，了解其主要经历和发表过的主要观点，要有针对性地列出长长的问题清单。清单上，既有一些要向他们每一位都请教的共性问题，也有一些为他们量身定制的个性化问题。

庭院深深，学问深深。

一所高校如果有底色，北大的底色就是红色；

一所高校如果有灵魂，北大的灵魂就是“常为新的”；

一所高校如果有标识，北大的标识就是“学问”二字……

“现在中国没有完全发展起来，一个重要原因是没有一所大学能够按照培养科学技术发明创造人才的模式去办学，没有自己独特的创新的东西，老是‘冒’不出杰出人才。这是很大的问题。”这是在2005年中央领导同志看望钱学森时，钱老提出的著名的“钱学森之问”，当时作为随行记者的我把这段话“原汁原味”地写入了通讯稿中。

中国教育界乃至中国社会，一直在思考和回答这个问题——

姚洋的思考是：“世界一流大学这个目标是容易实现的，而出大师要困难得多。大师，就意味着其思想能被世界所接受，或者说至少在中国能影响到很多人。”他给出的“药方”是：“一定要做跨学科的交流，大家互相碰撞才能产生好的思想火花，这样才有可能出大师。”

对“中国创新”，陈春花充满信心：“没有特别担心的地方，就是因为现在国家对科研创新的投入一直在增加。有这么高的投入，有这么多优秀的人才回流，内部还培养了这么多人才，加上巨大的社会需求，那创新的东西肯定就能出来。”

…………

思考，在这所校园里延续；认识，在这里深化……

愿这本《学问的“味道”：与燕园“大脑”面对面》，能给您一点启迪，留下一丝回味，就足够了。

2019年5月

（李斌：高级记者，全国抗震救灾模范，全国优秀科技工作者，北京市西城区“百名英才”荣誉称号获得者。国庆60周年和70周年大典，两次应邀作为嘉宾到天安门观礼。

独著《二探北极》，与人合著《你还是你吗？——人类基因组报告》《2004科技中国》，主编《领跑力：企业、城市和国家的引领之道》《极度调查：告诉你一个“立体中国”》《北京秘密：你不知道的“全域文化”之城》《守望》《使命的成就——中国五矿互补式重组三年翻两番历程及启示》等。）

目录

北大是常为新的，是勇往直前的

——与北京大学原校长林建华面对面

导 言

学校都可以追求自己的伟大

林建华是山东高密人，1955年10月生，1973年11月参加工作后，曾在内蒙古一个农场当过五年中学教员。1978年至1986年在北京大学化学系学习，先后获得学士、硕士和博士学位。1986年起在北京大学任教。后在德国、美国的研究所和大学从事无机固体化学和无机材料化学的研究。1993年回北大任教，曾任北京大学化学与分子工程学院院长、校长助理兼教务长、副校长兼教务长、常务副校长兼教务长，重庆大学校长、浙江大学校长。2015年2月至2018年10月期间，任北京大学校长。

除了满墙的书、一块立式黑板、墙壁上的校园景象素描，还有一幅“北京大学校园全图”——包括了燕园校区、医学部校区、昌平校区、深圳研究生院、软微学院（无锡）……这就是时任北京大学校长林建华的办公室。

尽管林建华校长看上去有些疲惫，但他还是耐心地回答了我们的许多个问题。这是在2018年4月的一个春日下午，时值北京大学120周年校庆前夕。在这紧张的日子里，他本来拒绝了通过正常途径进行面对面采访的申请。经过我们的努力，他终于在百忙之中抽空接受了我们的采访，时间只有一个半小时左右，因为后面他还有重要的会议安排。

我们提前设计好了问题，顺着清单逐个抛出。对此，他的思路清晰，语气平和……

谈起“对北大的认识”，他换位思考：“对北大的认识，作为学生、作为老师、作为校长，都是不一样的，这是有差别的。”

谈起“伟大学校”的梦想，他说，很多学校都可以追求自己的伟大，但是要做到伟大是不容易的。只要发挥学校的特长，在社会中找到定位，把自己做到最好，就可以成为一个伟大的学校。

谈教育改革，谈新的教育之路，谈“北大的精神”，他一点都不回避，并且自有见解……

他寄语当代青年，“要关注社会，关注实际问题，要注重实践”，“我们不能抱怨任何事情，我们要尽我们的责任”。

作为北大历史上少见的不是院士的校长，在校园里遇到的老师，几乎都对这位在北大历经多个岗位、在另外两所“985”高校担任过校长又回到北大出任校长的他给予了充分肯定。我们对他的感觉和基本判断，也是这样。

从老师身上确实学到了很多很多东西，除了知识，更重要的是做人

记者：我们很好奇，在您心中，“北大”二字是一个什么样的概念？

林建华：对北大的认识，作为学生、作为老师、作为校长，都是不一样的，这是有差别的。

我是北大77级的学生，曾在农场工作过五年，当时我们对大学没有什么概念，现在的学生上大学前，都要把这个大学研究透。那时候没那么多考虑，只要能上大学就很好了。填志愿的时候，我没填北大，当时农场的一个文教干部问我为什么不填北大，于是后来我就改填了北大。

入校之后，最初的感受就是对北大老师的感受，以及对他们所表现出来的学风和教学文化的感受。给我们讲课的老师都是著名且资深的学者，辅导员也都非常有经验，当时的师生关系非常亲密，我们遇到问题也愿意请教老师。我们从老师身上确实学到了很多很多东西，除了知识，还包括做人，怎么去看问题、看社会，这些东西对我们的影响都非常非常深。当然，在大学里，受益最多的还是同学。北大的学生来自天南海北，大家背景不同，对问题的看法也很不一样，常常就一些问题争论不休。北大的学生很优秀，只要细心观察，你就可以从他们身上学到很多东西。

后来我做了老师，开始教学生，也指导学生。现在社会变化很快，学生变化很大，跟以前不一样了，但很多教育的基本原则是不变的：要

热爱学生，热爱知识，要鼓励学生追求真理，努力激发学生的创造潜力等，这些基本的东西是不变的。

我在北大做了很多年的管理工作，这让我能够从更广的视角观察北大，接触到各个领域的学者和学生，以此督促我思考和学习，这是很有意思的一种经历。

北大是常为新的，是勇往直前的

记者：具体怎么说？

林建华：北大是一个很有意思的学校，没有校训，也没有校歌。过去有过校旗，现在也不用了。就像“未名湖”一样，一群知识渊博的人给一个湖起名字，最后还是用了“未名”这个词，就是没有名字。

没有校训，实际上展现出来的是另一种博大。精神和内涵很难用一句话来表达，特别是在现在，更难用一句话或者一个理念把北大的精神概括起来、包容起来。

“思想自由、兼容并包”，一直是北大坚守的学术传统和精神，直到今天，我们仍然在坚守。我们也有“爱国、进步、民主、科学”的精神传统，这些都是经过历史风雨历练后保留下来的宝贵精神财富。**但我更喜欢鲁迅先生讲的那句话：“北大是常为新的，改进的运动的先锋，要使中国向着好的，往上的道路走。”**前半句讲的是北大的社会责任和勇往直前的精神，不论任何艰难困苦、社会变动，它都会努力往前走，往前探索。后半句讲北大的探索和开拓是有方向的，是为了国家、民族和人类的发展进步。我想，这是北大传统的核心和灵魂。

我们常说的一句话，当你戴上校徽，你就有一种很庄严的被选择的感觉，这种感觉来自我们对国家、对民族的责任，来自我们不怕牺牲、勇往直前的精神。

百年校庆后，北大全面进行改革

记者： 您对北大的感触很深啊。

林建华： 我了解的北大是近些年的，就是最近20年的北大，这个阶段我主要在学院和学校里工作。

改革开放之后，北大一直在努力改进、改革教育体系，提升学术水平，在这方面做了很多工作。特别是最近20年，也就是从北大百年校庆开始，学校开始落实国家“创建世界一流大学”的计划。北大进行了

全面的改革，包括人事制度、教育教学体系、研究生培养体系、学科布局，这些都做了大幅度的改动。

我们认为，北大要为中国高等教育、学术发展发挥带头或者引领作用，这是北大的责任，这与“常为新的”精神是一致的。用我们最近常用的一种表达，就是要“守正创新”。**“创新”，实际上就是指北大“常为新的”精神，是一种不惧艰险、勇往直前的精神。“守正”，就是要坚守基本价值，坚守教育规律，按照规律办事，要为国家、为民族的根本利益不懈努力。**

鲁迅先生的那句话更能说明北大精神的内涵

记者：北大究竟蕴藏着一种怎样的精神？

林建华：比如说“民主”“科学”，这是早期北大提出来的，在当时是一种进步，也是北大的一种精神。北大百年校庆时又在这之前加了两个词：“爱国”“进步”，从而变成“爱国、进步、民主、科学”，内涵更加完善。但是我认为，可能还是鲁迅先生的那句话更能涵盖北大精神的内涵。

“计划”没有了，必须走一条新的教育之路

记者：您刚才说，北大在过去20年里进行全面改革，有没有什么标志性的成果体现在育人或者教学改革上？

林建华：过去20年北大走过的路，是一条很特别的路。北大百年

校庆之前，中国的高等教育和大学正处在很困难的一段时间。从教育上看，我们仍然在沿用苏联的专业教育模式，把专业分得很细。在计划经济时期，学生毕业以后会被分配到一个与专业对口的工作岗位上。但在市场经济条件下，毕业生需要自己找工作就业。**过去的专业教育模式已经不适应社会要求了，必须进行教育改革。也就是说，要让学生更能适应未来变化的社会。走上社会后，学生们的专业知识很快会过时，选择职业也会变化，我们的教育必须拓宽学生的知识基础，培养其发现问题和创新的能力，让学生的适应能力更强。**

从北大百年校庆开始，国家实施了“创建世界一流大学”的计划。要全面提升学校的学术竞争力和教育质量，就要把学术队伍建设好，要在学科最前沿做好学科布局，提高学术研究的整体水平，这些都是当下面临的一些非常重要和紧迫的任务。

把最好的、最优秀的年轻人聚集到北大来

记者：能否具体说说当初的改革？

林建华：教师人事制度是大学最基本也是最重要的制度，北大的教师人事制度改革做得比较早。从20世纪90年代末开始实施岗位聘任制度，打破了教师从前的“铁饭碗”。从2005年开始，对部分新聘教师实行了预聘制，就是美国大学广泛实施的Tenure-Track（终身教职）制度。这是一种激励青年教师的制度。学校提供启动资金和较好的条件，以及具有国际竞争力的待遇，在全球范围内选聘最优秀的人才。为了能

聚集最优秀的学者，我们也对学校的学术管理制度进行了一系列改革，使教师能更多地参与学术性的管理与评价中，采取措施促进跨学科合作，为教师的学术发展提供更好的条件。

从2014年开始，对所有新聘教师全部实施预聘制；从2016年起，我们开始实施新老体系融合，所有教师晋升都要先通过Tenure-Track制度评估。新老教师人事体系的融合是一个过程，还要持续几年的时间才能够完全融合。应该说，北大教师人事制度改革还是进行得比较顺利的。制度上的变化，使北大人才的竞争力进一步增强，我们最近聘任的青年学者都是非常优秀的。

一个比较成功的做法：以交叉学科为重点着手推进学科调整

记者：能否说得具体一些？

林建华：为推动学校的改革发展，我们提出了“以队伍建设为核心，以交叉学科为重点，以体制机制创新为动力”的基本方针，推进北大的学科建设和学科调整。

从2002年开始，学校始终坚持这个方针。学术队伍建设是学校发展的核心，刚才讲了加强队伍建设、推进教师人事体制建设、提高学校人才竞争力的一些做法。我们选择重点加强学科交叉融合，有两方面考虑：一方面，北大学科已经比较齐全了，学科发展的增长点应当在学科之间进行交叉和合作；另一方面，学科前沿和重大问题都是跨学科的，需要建立起促进学科交叉融合的体制和机制。北大在过去十几年的时间里，组建了十四五个跨学科研究机构。这些新组建机构在人员聘用、评价机制、资源配置方式等方面进行了大量改革探索，优化了北大的学科布局，特别是在一些学术前沿和重大科学领域，使北大的学术队伍和学术竞争力得到了很大提升。

改革开放后哈佛大学聘任的第一位来自中国大陆的终身教授

记者：这里面具有代表性的是什么？

林建华：比如北大生物动态光学成像中心（目前已更名为生物医学前沿创新中心）是在2010年建立的，学术带头人是谢晓亮教授。他曾经是哈佛大学化学与化学生物系终身教授，也是改革开放后哈佛大学聘任的第一位来自中国大陆的终身教授。到今天，这个中心已经产生了很多非常好的跨学科成果。

把北大整个学术都带起来了

记者：除了谢教授，还有具有代表性的例子吗？

林建华：像我们的分子医学研究所，领衔的学者是肖瑞平，他在2010年辞去美国NIH（美国国立卫生研究院）终身高级研究员职务，开始全职担任北京大学分子医学研究所所长。另一位学者程和平，曾在美国NIH老年研究所心血管科学实验室工作，很早就回国，回到北大。分子医学研究所主要研究心血管疾病的分子机制，进行药物研发。这个研究所到目前应该说做得也是非常好的。

神经科学方面，美国国际数据集团（IDG）及其创办人麦戈文夫妇出资捐赠设立的北京大学–IDG/麦戈文脑科学研究院，也是一所跨学科的研究院。依托于心理学系，以北京大学—清华大学生命科学联合中心为依靠，整合生命科学学院、医学部的基础和临床研究力量，加强北大脑研究相关的多学科交叉，推动了北大脑科学和认知科学的发展。

还有像田刚教授领衔的北京国际数学研究中心，美国科维理基金会支持的科维理天文与天体物理研究所，都是国际化程度很高并在国际上很有影响力的研究机构。在人文社科领域，中国社会科学调查中心是一个跨学科的数据平台，他们的“中国家庭追踪调查”和“老年人健康调查”已成为最具影响力的学术调查。另外，我们与美国林肯土地政策研究院联合建立的北京大学林肯研究中心，在中国土地政策、房地产政策与税收政策等方面都做了很好的研究。

这些研究机构建起来以后，聚集了一批非常杰出的带头人和非常优秀且有潜力的年轻人，把整个北大的学术都带活了。这些年，这些机构不仅自己发展得都很不错，而且还树立了学术榜样、学术标准。就像我们常说的“鲇鱼效应”，它们把各个院系激活了，学术研究也带动起来了。现在北大的学术发展状况应该是非常好的，无论是学术研究、人才培养，还是学术氛围和学者发展，都处于很好的发展状态之中。

教育要着眼未来

记者：大学的使命就是培养人。北大提出“培养引领未来的人”，也就是说从北大毕业的学生能够引领未来？他们还没毕业，他们能看到那个未来吗？像我们在大学刚毕业的时候，都还是浑浑噩噩的。

林建华：现在的大学毕业生有的可能也是浑浑噩噩的。但我们不要把学校的培养目标与学生毕业后真正会成为什么样的人混为一谈。

实际上，我们常说大学是培养人的，其实大学能够起的作用是造就人，也就是为学生的未来发展奠定好的基础。我们说要“培养引领未来的人”，实际上是说我们的教育要着眼未来。面对未来快速变化的社会环境，我们的教育应当更加重视学生的独立思考、创新精神、团队合作和领导能力等，使他们能够为迎接未来挑战做好准备。

过去的教育模式，叫静态教育

记者：是不是因为北大确实有这种底气，有这种历史渊源，才敢于提出这样的目标？

林建华：不是。实际上，任何一个学校都应该有这样的想法，任何一个学校都要面向未来。

大学实际上是通往未来的一座桥梁。老师跟学生的对话、学习基础知识与面对实际问题等教学活动，都是过去——现在——未来之间的对话，是有体会和有经验的人与“未来人”之间的对话。教育不是为了今天，是为了明天，是要让学生为明天做好准备，这也是“培养引领未来的人”对学校、老师和我们的教学计划提出的要求。

在20世纪50年代，我们的教育主要基于苏联模式，把专业划分得很细，这是与计划经济体制和工业化进程相适应的。那时我们需要的是适合确定岗位的专业人才，毕业以后，国家会把你放到与专业对口的岗位上。你如果被指派到了别的岗位，你的很多专业知识就用不上了，这在当时称为专业不对口。然而，在市场经济环境下，这样的专业教育模式是不适应社会需求的。**我们可以把过去的这种教育模式，称为静态教育模式。“静态”是什么意思？就是过度注重知识传授，注重专业体系的完整性。这种教育模式在社会变化比较缓慢时，还能够勉强适应社会需要。但在社会快速变化的今天，我们的教育应当把重点放在提高学生的自主学习能力、思辨能力和创新能力上，这些才是更基本的、更能适应未来的教育。**

当时知识传播、知识创造的方式跟今天不一样

记者：第一次听说“静态教育”这个理念。

林建华：除了计划经济时代讲究专业对口，静态教育还有一个前提，就是说当时的知识传播、知识创造的方式跟今天不一样。

我们上学的时候，你要想了解学术发展动态，都得到北京来，到北大或者国家图书馆去查文献。因为当时资料最齐全的就这几个图书馆，在外地或偏远的地方，很多知识和资料是找不到的。还有很多知识在老

师的脑子里，学生想得到这些知识，就要上好的学校，要有好的老师。对于知识，那时的学校是有垄断地位的。我记得，我们77级学生入校的时候，很多课程都没有教科书，当时很多任课老师都是自己刻钢板来进行教学。当时教有机化学的张榜院士，刻钢板很有功底，字写得好，表达也简洁清晰，每天给我们发三张讲义。当时的知识传递是通过这种方式来实现的。那时候，知识相对来说是稳定的、静态的，传递的方式或者教育的方式是以知识传授为主的。

面向未来的教育，将是一种动态的教育

记者：现在呢？

林建华：今天的情况就完全不一样了。按道理来说，如果只是想了解知识，都不用到学校里来了，在网上几乎可以得到任何知识，所以未来大学的教育要发生变化。**将来的教育，或者现在我们需要努力的方向，应当是面向未来的教育，培养面向未来的人，一定要充分考虑社会变化和知识的快速更新，我们的教育也应当是动态的。**

动态的教育就是说：首先，**我们要把教育、学习作为老师跟学生共同创造的旅程，要在实践中和创造中学习；**其次，我们应当创造更加灵活、更加多样化的培养方案。我们有历史专业、外语专业，如果把它们结合起来，就是外国语言与外国历史专业。例如，学生要学欧洲历史，那么就可以选拉丁语或古希腊语专业，再把语言和历史很好地结合起来，在学习语言和历史的过程中，真正理解欧洲文明的起源。我们有很

多这样的教育项目，如把考古和化学结合在一起建立文物保护专业，化学系的学生选修考古系一定数量的课，把科学技术与历史结合，就能更好地从事文物保护工作。

还有由元培学院、政府管理学院、中国经济研究中心和哲学系联合设立的PPE（Philosophy，Politics and Economics）专业，也就是哲学、政治学、经济学这样综合性的专业，现在已成为很热门的本科专业之一，这对学生综合素质的培养是很有利的。

教育应该像农业

记者：这些做法，都很有意思。

林建华：北大有很多类似这样的专业，能给学生更多的选择，可以根据学生自己的兴趣来学习。假设，你是学化学的，学到一定程度，你说我希望将来做文物保护工作，或者将来做有关生物方面的工作，你就可以去主修或辅修相关专业。

每一个新的、多样化的培养方案，都是老师跟学生一块儿来设计和规划的。我觉得，根据北大的培养目标，我们的培养方案应该更加丰富、更加多样，要给学生更多的选择。我曾讲过，**教育应该像农业，而学生就像是不同的种子，他们可以是一颗树种，也可以是一颗草种**。学校要提供良好的环境和条件，提供充足的养分、空气、阳光，让各类学生、各类种子都能茁壮成长，使他们成为各领域的优秀人才。

通识教育和专业教育相结合

记者：因材施教？

林建华：对，就是因材施教。

记者：那北大以后培养的人才会更广泛？

林建华：对，更广泛，不应当像过去那样做整齐划一的专业化培养。过去学化学的学生，都学一样的课程，最后这些学生都在化学领域工作。按照现在的学习模式，在进行一定的化学训练后，学生可以到各个领域去工作。

北大这一轮教育改革是从1998年开始的，当时学校组织了本科战略研究小组，专门研究、搜集世界各国教育发展状况，以此来确定我们的教育改革方向。对此当时曾有很激烈的讨论，早期我们是要学习美国经验，希望能照搬哈佛大学的教育模式，实施类似于博雅教育的模式。当时，学校觉得全面推广比较困难，于是就有了元培学院。元培学院是在较小范围内加强通识教育，经过近20年的探索，现在元培模式已经在全校逐步推开了。

从我们的经验来看，**我们将来的培养模式是将专业教育与通识教育结合起来，走通识教育与专业教育相结合的道路，使我们的教育更加丰富**。就是更像刚才说的，师生之间、学生和学生之间有更多相互学习、相互交往的机会，这可能是北大将来要走的教育之路。

能够把学生的潜力都充分发挥出来，这就是好的教育

记者：您说到“通识”，我们就想到《京师大学堂章程》里提到的“造就通才，为全学之纲领”，这个“通才”和“通识”之间有联系吗？

林建华：任何一种教育理念，都应与当时的社会需求和发展情况相关。实际上，中国的传统教育，也是一种书院式教育，重文、重经典，应当是典型的博雅教育。

伴随科学技术进步和社会发展，科学和技术变得越来越重要了，因而有了专业。但现在的问题是专业越分越细，很容易让人只见树木，不见森林，很多学生学习了专业知识，但不会实际应用知识去发现问题和解决问题。

我们也常常问自己，什么样的教育是好的教育？我认为，能够把学生的内在潜力激发出来的教育才是好的教育。20世纪50年代的专业教

育，在当时的情况下，也可以是一种好教育，因为当时人们只有一种就业岗位选择，而那时候也的确培养出了很多优秀的专业人才。

在现在的环境下，如果能够把学生的潜力都充分发挥出来，才是好的教育。如果对现在的学生再用纯粹的专业教育模式可能就不行了。大约在2002年，物理学院的电动力学课，有很多学生不及格。当时的任课教师写了一封公开信，对学生的学习态度表示失望，这在当时引起了很大的社会反响。实际上，这不单纯是学生的问题，也反映了社会和学生需求的变化。**我们的教育模式和教学方法都应当做出改变，使其更加适应学生、适应社会，这样才能把学生的潜力真正激发出来。**

为未来造就人才，最重要的就是培养学生正确的价值观

记者：也就是以学生为中心？

林建华：对。

记者：习近平总书记于2014年到北大视察，这四年来北大有什么变化？北大是不是在以前的基础上往前走？

林建华：习近平总书记在2014年视察北大时，提出了很重要的问题：一是要“坚持不懈培育和弘扬社会主义核心价值观”，二是“必须扎根中国大地办大学”。现在大家逐步认识到，**为未来造就人才，最重要的就是要培养学生正确的价值观，这也是最困难的一件事情。**因为价值观的培养，或者是人的品德、基本素养的形成，不是光在学校里就能简单形成的。实际上，家庭、社会对一个人价值观的影响也是非常大的。

学校能否在学生身上留下烙印？

记者： 学校在怎么做？

林建华： 在学校里，我们正在向这方面努力。思政课很重要，是主渠道，但它也只是一个方面。实际上，价值观是在学校的生活和学习过程中逐步形成的。师生之间、学生之间的影响是很大的，学校的文化和精神，以及鼓励什么、弘扬什么、反对什么都会对学生产生很大影响。**学校的精神、文化会在学生身上留下烙印，这种影响是潜移默化的，也是持久的。**价值观培养是长期的，我们在做努力，在学校期间，最重要的是要培养学生的基本道德素养。

从本质上讲，应该加强学校的制度建设、文化建设

记者： 言传身教，也是一个措施。

林建华： 价值观念的讲解和传授是很重要的，更重要的是通过学校的观念、制度、文化等来规范老师和学生的行为。如果大家都尊崇诚实守信，都有社会责任，都能够追求真理，那么歪风邪气就没有市场，学生的价值观培养就有了基础。对学生而言，最重要的不是我们怎么说的，而是我们怎么做的，榜样的力量是很大的，特别是对青年学生来说，更是如此。当然，还有很多其他工作，如学生的思想工作、学生心理健康等方面，都会出现很多新问题、新情况，需要我们特别关注。在这方面，北大做了大量工作，付出了大量努力。现在的青年学生很有特

点，他们有自己的思想，但总体上看是积极向上的，我们应当对他们更有信心。

关键是学校的制度、学校的态度是什么

记者：林校长，我跟您说实话，我们做解码北大120周年的文章还是要鼓足勇气的，因为听说以前发生过某老师的舆情事件。

林建华：其实这并不奇怪，一个社会、一个学校，什么样的人都会有，什么现象都可能出现。关键是学校的制度和态度是什么。前几年，一些学校也出现过学术道德问题，有些还是很严重的，社会影响也很坏，但这几年似乎少了起来。并不是这些问题不存在了，而是我们的制度更加完善了，我们的态度和处理方式更加明确了，一旦出现这些问题，我们有标准的调查制度来介入。前两天，我们还接到一封信，是关于一名老师的学术规范问题的，当时我们马上就启动了调查机制，现在正在调查，很快就会公布结果。

有人的地方，就总会出现问题，只要制度和机制完善，出现问题按程序处理，就不怕。你刚才讲的舆情是有关性骚扰方面的问题，在这方面北大是有比较完善的制度和处理程序的。我们在2015年建立了教师纪律管理制度和处理程序，当时也是用来针对类似案例的。为此，我们建立了一个专门的教师纪律委员会，这是一个以规范教师行为为主的委员会，同时，还出台了专门的制度和处理程序。有了制度和程序，问题就好处理了。

把制度更明确一些

记者：关于这次事件，北大采取了什么措施？

林建华：这次舆情反映的问题比较特殊，是20年前发生的事情。现在当事人已经不在北大工作了，我们很难按今天的制度再来处理一次。但学校的态度是非常明确的，我们坚决反对，也绝不容忍再在学校里出现这类事情。一旦出现，必须按学校的制度坚决处理。最近，我们又对反性骚扰的处理程序进行了梳理，修订了2015年编写的教师手册，这使我们的制度和程序更明确、更清晰。我们希望告诉老师、告诉同学、告诉社会：虽然任何人都无法保证不出问题，但我们可以保证，这些问题都会得到一个公正、严肃和负责任的处理。

中国的快速发展，提出了很多学术上的问题

记者：北大在“扎根中国大地办大学”上，在这四年里有什么变化？

林建华：按照国家的要求，也就是在2035年左右，国家实现现代化的时候，北大应该走到世界一流大学的前列，这是我们的任务。

我们应当想清楚，凭什么我们能超过别人，走到前头去。别人有那么多年的基础，不会停下来等着你，所以你要想超过别人，就要有一定的基础和社会条件。习近平总书记讲，“必须扎根中国大地办大学”“高校只有抓住培养社会主义建设者和接班人这个根本任务才能办好，才能

办出中国特色世界一流大学”。这实际上是为我们指出了一条路。就是说，我们要想走得更好、更快，就必须融入中国发展当中。换句话说，中国的快速发展提出了很多学术上的问题，比如说中美贸易、中美大国之间的关系，将来到底怎么处理？“一带一路”倡议，对我们的区域研究、国别研究提出了新的要求。这些问题要求我们要加强人文社会科学方面的研究。

当国家快速发展时，会带来很多很多学术问题。如果我们能够解决这些学术问题，使中国能够发展得更好更快，我们的教育和学术相应地也会更好地发展，我们就能为国家发展和人类进步做出更大贡献，在这个过程中，我们才能成为世界一流大学。

人文社会科学要从中国视角看世界

记者：在解决中国问题、形成自信的中国学派方面有例子吗？

林建华：“中国学派”说得比较大了。我觉得说“中国视角”可能更好一些。人文社会科学与自然科学不同，是与人们观察问题的视角相关的。我们从中国的视角观察世界、观察人类社会，与从西方的视角观察世界、观察人类社会的学术研究是不一样的。

建立“中国视角的学术体系”的提法，我觉得可能更好一些。我们要与国家的发展结合起来，比如“一带一路”是重要的国家倡议，大学应当为此做些什么？我觉得，在大学中，我们应该真正地去了解“一带一路”沿线国家，深入研究这些国家的历史、文化、国民，以及国家和民族的发展的过程、特点等。有了很深厚的学术研究基础后，才能够真正提出对国家有价值的建议。目前，有关这些国家的研究多是西方学者做的，我觉得如果从中国视角或东方的视角出发，会有很多新的学术发现。最近，北大建立了区域国别研究院，希望调动各学科的学者，一起开展对这个领域的研究。

人文社会科学要从仅仅向内转，变成同时向外转

记者： 区域国别研究院是刚刚建立的？

林建华： 是刚刚建立的，但已经筹备了两年。我们的区域国别研究院和其他高校的不太一样，我们把区域国别研究看成一种学术观念上的变化。过去我们人文社会科学研究的对象主要是自己。我们借助西方的学术方法、学术理念来研究自己，这是过去近百年中国人文社会科学的主流。这种状态实际上折射出一种现实：当国家是一个弱国、一个区域性国家时，你只能这么做。但今天的情况有了很大的变化，**我们国家的利益已经分散到了世界各个地方，学术研究就不应该仅仅局限于研究我们自己，而且应该往外看。**所以我们把区域国别研究作为学术研究的转型，它不是一个项目，不是一个智库，而是希望把学校的人文社会科学学者的兴趣，从仅仅向内转，变成同时向外转。

在学校“双一流”建设过程中，我们的学科建设分成学校层面、学部层面和院系层面三个层次。在学校层面我们有三个大的方向，区域国别研究是其中之一，我们把它看成学校未来发展的一个重点。我们目前

把重点研究区域放在阿拉伯地区和中亚地区。

做到伟大不容易

记者：是什么促使您有勇气提出要把北大建成一所伟大的学校的？

林建华：其实，我们讲要成为一所伟大的学校，是想强调一种不同的态度和文化。我们现在说世界一流大学，大家想到的首先是学术研究成果，想到的是各种数字、指标、排名等。这些都很重要，但过度追求，就会导致急功近利，也不能真正把学校办好，更不能调动起各类学校的积极性和主动性。**我们讲到一流，通常是强调标准和竞争，而讲到伟大，更多强调的是品格和内涵；我们讲到一流，通常会想到壮丽和繁华，而讲到伟大，更多想到的是甘于寂寞地把自己的事情做好。**

其实，**任何一所学校，只要发挥自己的特长，在社会中找到自己的定位，把自己做到最好，就可以成为一所伟大的学校。**因此，伟大的学校可以是很平凡的学校，但一定是要把自己的特点、优势充分发挥出来的学校，是能够把自己的体系优化好的学校，是能够在社会中发挥应有作用的学校。像北大这样的学校可以是伟大的，其实很多学校都可以。如果各个学校都追求自己的伟大，中国教育的多样化就呈现出来了，中国的教育就可以更好了。当然，要做到伟大是不容易的，这既需要付出更多努力，更要耐得住寂寞。

特别是在人文社会科学领域，应从中国实践中提出真正的问题

记者：大学要具有自己的品格和文化，您认为大学的品格是什么？

林建华：这个问题比较难回答。实际上，大学的品格反映了大学在社会中发挥的作用，除了培养人，我觉得大学应该在文化上、在社会风尚上起到引领作用。

记者：您最近说，要从跟跑到领跑，您觉得应该具备什么样的条件才能实现？

林建华：从跟跑到领跑，是一个过程。我们要解决中国的问题，只有当我们真正解决中国问题的时候，才最有条件走在前面。我们现在的很多研究是跟着人家走，用别人的方法来做，完善别人的理论，而我们将来要更加注重自己的实践，注重从实践中提取出问题。**特别是在人文社会科学领域，应该从中国的实践中提出真正的问题，并解决这些问题，形成中国的理论，这样，人文社会科学才可能走到前头去。**

在自然科学领域，大家都是在一个共同的框架里做研究。我们要鼓励青年学者创建自己的学术领域，开拓自己的学术领域。不能沿着原来的领域或跟着过去导师的领域去做，只有我们的学者都努力开创自己的领域，才能逐步形成鼓励原创的氛围，我们的自然科学才可能走到前头去。

走过120年，对北大来说，现在是一个很重要的转折

记者：从北大120年的发展历史看，您觉得北大现在处于一个什么样的阶段？

林建华：走过120年，对北大来说，现在是一个很重要的转折。

记者：什么转折？

林建华：在过去的120年里，北大经历了风风雨雨。这120年，我们主要的发展方式是学习人家的先进经验，在学术上、教育上和管理上都是如此。当然，将来我们还要学习他人的经验，因为发达国家的教育、学校制度是很有竞争力的，我们还应当继续学习。但是**今后我们不能仅仅只跟人家学，还要结合中国的情况去思考自己的路，这是一个转折**。过去我们常说，要在发达国家的大学中，找一个标杆学校，去进行比较和学习。对今天的中国大学来说，我们不能仅仅只是这样了，**应该要找中国的问题，看中国的大格局中有什么重要问题，我们应该去解决这些问题**。这是一个很大的转折和变化。

年轻人要关注社会，关注实际问题

记者：五四青年节快要到了，您对当代青年有什么样的寄语？

林建华：现在的青年人更聪明了，了解的知识也更多了，他们学习的方式、掌握知识的方式跟以前都很不一样。我觉得现在的年轻人，特别是中国的年轻人，要树立自信，要更加关注社会，关注实际问题，注

重实践，这是他们未来成长的重要因素。

当然，现在是一个个性充分崛起的时代，有一些年轻人可能会比较自我，**其实太自我的人是没有大出息的。所以我老讲那句话，就是只有真正到了“无我”的境界的时候，你的视野才能够足够广阔，当你能诚心诚意“为他人作嫁衣裳”的时候，你才能真正把自己的事情做好。**

我们不能抱怨任何事情，我们要尽我们的责任

记者：有人说北大正日益失去精神内向的品质，自觉不自觉地在培养伪精英，培养高智商的利己主义者，是这样吗?

林建华：我不同意这种观点。因为现在的年轻人有自己的特长，有自己的特点。我们做教育的人，应该结合现在年轻人的特点把学生培养好。我们不能抱怨任何人或任何事情，我们努力要做的是尽到我们的责任，把下一代青年人培养好。

踏踏实实做学问

——与王选夫人陈堃銶教授面对面

导 言

要沉下心来，要有定力

满头银发，个子小小的，坐在我们眼前的，就是北京大学计算机科学技术研究所（2019年更名为“北京大学王选计算机研究所”）教授、博士生导师，已故科学巨匠、汉字激光照排之父王选院士的夫人陈堃銶先生。

恰恰是这小小的身体，在过去的沧桑岁月里，迸发出了神奇的力量。出生于1936年6月的陈堃銶，1957年毕业于北京大学数学力学系计算数学专业。作为主要承担者之一，陈堃銶于1964年至1966年从事DJS-21计算机ALGOL60语言的编译程序系统开发工作。这一系统是国内少数几个最早及真正实用的高级语言编译系统，它的成功开发被写入了《中国计算机工业发展简史》及《中国计算机行业大事年表（1956—1983年）》。从1975年起，陈堃銶先生承担了国产计算机汉字激光照排系统早期大型软件的全部设计，并负责实现。1985年，该系统通过国家级鉴定并迅速得到推广应用，引发了我国印刷业“告别铅与火，迎来光与电”的技术革命，并打入中国港澳台、东南亚、美国、日本等地区和国家的印刷市场，为我国印刷出版业的技术进步以及用计算机技术改造传统产业的工作做出了重大贡献。

在历史上，活字印刷术的发明和推广对全人类知识的积累和传播有着重大意义。在20世纪末，由王选团队研发的汉字激光照排技术，将现代计算机技术和古老的中华文明相结合，极大地增强了以汉字为载体的知识传播力。

虽然已经年逾八旬，但陈堃銶先生说起话来坦率而直接。

“这些人确实对我们影响很深。”谈及母校和老师，老人不禁感慨，“确实在那时候，没有人为自己的提职去做什么奋斗。”

谈及师生关系的融洽，陈堃銶先生陷入了回忆：“那时候老师跟学生的关系也非常好，丁石孙老师结婚的时候，许多学生都去参加。”

虽然陈堃銶“很想躲避”，但是由于“计算数学教研室找不出更合适的人”，王选和陈堃銶夫妇又成了事业上的伙伴，二人在汉字激光照排研制和产业化的道路上携手前行，共同经历了无数风风雨雨……

在访谈过程中，陈堃銶先生反复强调的一个词是“踏实”：“诚实做人，踏实做事。”“许多事情都要一步一个脚印，踏踏实实，静下心来干。”“一定要沉下心来，踏踏实实地干。”“做事情真的要‘顶天立地’，要踏踏实实。”

有了“踏实”，陈堃銶先生对未来充满了信心：“虽然我们现在不少领域的核心技术还都掌握在外国人手里，但如果各行各业都能够埋头苦干、踏踏实实，我们中国人是很聪明的，我不相信好多东西做不出来。”

北大对我们的影响实在是大

记者： 陈老师您好，能讲讲您的北大故事、北大缘分吗？在您心目中，“北大”这两个字意味着什么？

陈堃銶： 我是1953年到的北大，考的是北大数学力学系，那时候数学、力学在一个系。当时系里的老师对我们的影响实在是大。一个是老师们的学识渊博，另一个是他们的学风非常严谨。不仅讲课讲得好，而且他们淡泊名利、无私奉献。举个例子，我学的是计算数学，咱们国家的第一届计算数学班里，我的一个老师，在1956年的时候，国家要筹备计算技术专业，派他去苏联考察，同时学习使用计算机。苏联科学院计算中心交给他一个问题，要计算一个贝塞尔函数表。当时美国已经有了结果，而苏联做不出来。结果他一边学习怎么用计算机，一边还在考虑算法，只用了两个月就做出来了。做出来以后，苏联方面非常高兴，但这个事在当时并没有几个人知道。等到我们给100岁的他祝寿的时候，才知道这个事。所以我说，这件事要放到现在来说的话，连外国专家们都解不出的问题，而他两个月就解决了，那他还不得当院士？其实，这样的事在北大很多。

那时候，没有人为自己的提职去做什么奋斗

记者： 这是哪位老师？

陈堃銶： 是徐献瑜教授。还有一个老师叫闵嗣鹤，他是教数论的。

我们都知道陈景润，也知道华罗庚是陈景润的老师，但不知道闵嗣鹤也曾指导过陈景润。有一次陈景润将他做的哥德巴赫猜想的证明给闵嗣鹤老师看，闵老师给他指出："你用的计算方法，是不行的。"之后陈景润又做出了正确的证明，所以陈景润很感激闵老师。我后来见了由昆（陈景润夫人），由昆就跟我说，陈景润非常感谢闵嗣鹤老师。可有谁知道，数学界有闵嗣鹤这么个人存在？我们数学系有好多这样的老师，但好多老师可能连我也不知道。之所以知道闵老师，是因为"文化大革命"时我们在一个组。当时我们非常佩服他，因为有些别人解不出的难题，他一下子就能证明出来。

记者：这些老师对您有什么影响呢？

陈堃銶：这些老师对我的影响很大。确实在那时候，没有人为自己的提职去做什么奋斗。还有一个老师，教我们计算方法的，并且身兼北大的工会主席，成天忙得不得了。当时我们是第一届计算数学班，没有教材，他就辛辛苦苦选编教材，然而提职却提不上，可他一点怨言都没有。

丁石孙老师结婚的时候，许多学生去参加

记者：这就是典型的北大人吗？

陈堃銶：是典型的北大人。还有一个老师，就是教我们计算机原理的，没有见过计算机，没有出过国，只看了一些有限的资料。在1958年，他自己设计出一台计算机，但是因为元器件不过关，磁鼓不

过关，尤其是存储器不过关，用的磁心是科学院淘汰下来的，不能正常运行。但是这台计算机确实是运行过的，是能运行的。当时那个机器好大，在一个房间里放着，有许多个机柜。

这样的人，就叫敢为人先，我们都非常钦佩。这些老师确实对我们影响很深。那时候上台讲课也是非常严格的，不是随随便便什么人都能上去讲的。我们留校后，首先做辅导老师，给学生们上习题课。要上台讲课，先要写出教学计划、教学大纲，还要在教研室试讲。讲课时，其他老师要到你的课堂上去听，就这么严格。

那时候老师跟学生的关系也非常好，丁石孙老师结婚的时候，许多学生都去参加。老师也参加学生的联欢，比如每个星期六晚上有舞会，老师还来跟我们一起跳舞。

我在文章开头只想写我的老师

记者：丁校长也是您的老师？

陈堃銶：是我们的代数老师。这些老师讲课讲得都特别好，他们对我的影响很大。不仅学风很严谨，而且淡泊名利、敢为人先，这些都在默默地影响着我们。北大这次在120周年之际要出一本书叫《精神的魅力》，为此我写了一篇文章，而我在开头写的就是这些老师。因为我觉得，是这些老师的培养和身教才打下了我一生的基础，所以我在文章开头只想写我的老师。

无私奉献，学风严谨，淡泊名利，敢于创新，这就是北大的精神

记者：这些老师身上体现的是北大精神吗？

陈堃銶：是的。我觉得，**无私奉献，学风严谨，淡泊名利，敢于创新，这就是北大的精神**。

记者：这个精神现在传承得如何？

陈堃銶：大环境不一样了，现在这个社会，应该说是个急功近利的社会，很难像以前一样了。我听说现在的师生关系也不是太理想，老师也不大认识学生，我们那时候，老师晚上都要辅导学生，有时候还到宿舍里去辅导呢。

记者：您那时候学生比较少？

陈堃銶：当时我们那班大概180人。研究生少，其中有留学生，留学生里有好多是越南、朝鲜的。

记者：现在的老师都是忙着做科研。

陈堃銶：现在考核老师的内容不一样了，主要看你发表了多少论文，拿了多少经费。过去哪有向国家申请经费的？搞科研，我们都是在业余时间搞。

诚实做人，踏实做事

记者：最近您在一个视频里接受采访，虽然时间很短，但给我们的

印象很深，尤其您说知识分子不要随波逐流。为什么说这个？

陈堃銶：因为当时想起，十几年前上海交大的“汉芯事件”（是指上海交通大学微电子学院原院长陈进发明的“汉芯一号”造假事件，并借助“汉芯一号”，陈进又申请了数十个科研项目，骗取了高达上亿元的科研基金）。

这件事说明两点，第一，确实有知识分子为了争取个人名利用了不光彩的手段。第二，我们有时太注重表面文章，注重个人头上的“帽子”，而不注重实际内容。

我觉得现在特别应该提倡两条：诚实做人，踏实做事。因为“汉芯事件”，有评论就说做芯片不容易，**中国人需要静下心来，踏踏实实的，不要糊弄人**。确实，这几年国家在科技方面的投入逐步增加，但许多事情都要一步一个脚印，踏踏实实，静下心来干。所以说，尽管现在各方面的压力很大，但知识分子不管在什么情况下都必须静下心来，踏踏实实，才能将事情完成。

那时候的条件比现在不知道差到哪儿去了

记者：我们再回头来看看汉字激光照排系统这件事。

陈堃銶：这件事情我们是1975年才知道的。因为这个项目已经给别人了，没有北大的份儿。

记者：在当时那种情况下能做出来很难很难吧？

陈堃銶：那时候的条件比现在不知道差到哪儿去了。机器很不稳定，马上要鉴定了，我们却发现那机器还有设计错误，研究的过程非常非常困难。那时候没有显示器，看不到结果，就得打印出来一个字一个字抠，所以做得很慢。从1975年做起，新华社的鉴定是1985年做的，由于机器不稳定，做了整整10年。后来我们做出来后，国家给我们批了20万美元，买了比较稳定的机器。而且输入可以不用纸带了，当时那纸带真是麻烦，打错了还得自己去补孔。

记者：当时就没有办公室和家里的概念？

陈堃銶：在家里也是干活。我那时候就说，如果是上班来、下班走，下班以后脑子里什么都没有了，第二天来了以后还要再慢慢回想，我昨天做到哪儿了，那根本就不行的。

那时候冷嘲热讽的声音特别多

记者： 我看书上说当时你们各方面的压力都比较大，还有一些争议和冷嘲热讽？

陈堃銶： 那时候冷嘲热讽的声音特别多，印刷界几乎没有人相信我们能做出来，质疑声很多。他们认为你根本不懂印刷。你是北大的，北大懂印刷吗？而且我们当时都是助教，一个小助教，身体还不好，能干什么事？人家都有汉字字模，你的字模在哪里？计算机里算出来的？这不是天方夜谭吗？还有人冷嘲热讽地说："你想搞第四代？我还搞第八代呢！"

记者： 那你们怎么会有这样的定力坚持去做这件事？

陈堃銶： 我们觉得一定能做出来，坚信我们的方案就是好的。

记者： 就这么有信心？

陈堃銶： 有信心。学校也支持，学校也想干点事，几任校长都很支持。

记者： 他们也承担了压力和风险。

陈堃銶： 对。北大还是很有眼光的。那时候周培源校长亲自去新华社，当时新华社的社长是曾涛。他们二人认识。周培源校长拍着桌子说："要相信咱们自己培养的人才！"等到后来，具体负责的是张龙翔校长，他原来是生物系的，那时候相当于教务长，他说："没人来管，我来管！"

应用型科技成果，一定要经得起市场的考验

记者：我看丛中笑老师写的书说，王选先生下定决心，一定要把成果推向市场，如果只做科研成果，不推向市场，会有一种负债的感觉。

陈堃銶：对。

记者：那时候市场经济还没有现在这么发达，为什么会有负债的感觉?

陈堃銶：原理性样机做出来以后，是不能用的。为什么?因为不稳定。那时候组里有人提出来说不要做了，证明原理是正确的就可以了。连王选的老师也是这样说，他说："你别做了，你就把这个技术卖给人家，你是有才能的人，你应该再做别的事情，只要说明这个原理是正确的就行了。"但王选的目的是要改造整个印刷行业，如果到此为止的话，那等于说拿了国家的钱只做了一个实验。所以王选曾经说过：**"应用型科技成果，一定要经得起市场的考验，才能对社会有实际作用。**我不能拿了国家的钱，只做了一个实验。我倒是提了职了，可能也报了奖了，可有什么意义呢?国家什么也没有得到，而且这样很可能就断送了科研成果。"

王选引用过美国"巨型机之父"西蒙·克雷的一句话。他说，当他提出一个新的构思时，人们常常说"Can not do"(做不成)，而对这种怀疑的最好回答是"Do it yourself"(自己动手做)。就是你要做出来，必须自己做。这个我们很有体会。我们做的好多软件，交给公司后，常常是交一个"死"一个，交一个"死"一个。

当时连美国人都还没有做到

记者： 当时具体是什么情况呢？

陈堃銶： 不是自己研制的，那些公司就不可能给你好好维护。王选就一代一代地做，先是做原理性样机，后来做了二型机，二型机当时给新华社用了。三型机小型化，原来跟大空调似的机器变成台式的了，用在了《经济日报》上。他觉得能用到日报上才算成功，日报是最考验机器的。后来，有了PC机，就以此为主机，同时再小型化，速度也变得更快，汉字字形压缩信息的还原速度达到了一秒钟710个字，非常快，这就是四型机。

他去报社、印刷厂看过，觉得光是告别铅与火还不够，因此，后来他领导的团队实现了告别报纸传真机的技术。本来《人民日报》的外地代印点第二天才能印出报纸，我们通过卫星，用页面描述语言远程传送报纸的版面信息，使不同城市的读者在当天就可以看到报纸。还有就是告别电子分色机。原来的彩色出版、彩色照片，哪怕一条花边，都要先用电子分色机输出，裁剪后再跟文字一起在透光台上拼版，才能组成整个版面。所以我们研制了彩色出版系统，在世界上第一个实现了彩色图片和中文的合一处理和输出。还实现了记者告别纸与笔，编辑自己上机组版等。后来发展成报业数字资产管理系统，通过采编、组版、广告制作、检索和网上发送等，把整个报社的流程都管理起来。这个稿子是谁改的，都能留下痕迹。最后做到什么程度？比如《广州日报》的老总到美国出差，他在美国就能看见自己报社的整个运行情况，当时连美国人都还没有做到，马上请他去做报告。此外，还告别了胶片，把版面的文字和图像信息输出到版材上，直接上胶印机印刷，很大地提高了生产效率，降低了成本。

核心技术你是买不来的

记者：您现在回头看走过的这段路，强调有些核心技术必须自己做。现在是不是更应该这样？

陈堃銶：现在也是这样。中美出现芯片问题后更清楚了。有些核心技术你是买不来的。如果我们以前不做，现在会怎么样？就跟汽车领域一样，各种牌子都有，但大部分是国外的牌子。

我不相信好多东西做不出来

记者：2018年是改革开放40周年，我们看北大120年走过的路，包括中国计算机走过的路，能不能说自主创新之路就是中国的强国之路？

陈堃銶：对。我觉得是这样，虽然我们现在不少领域的核心技术还掌握在外国人手里，但如果各行各业都能够埋头苦干、踏踏实实，我们中国人是很聪明的，我不相信好多东西做不出来。

记者：核心是什么？

陈堃銶：核心就是，真的要爱国奉献。做事情不能够光为了经济利益，一定要沉下心来，踏踏实实地干。做汉字激光照排系统时，人家不理解我们。有人说，王选为了自己一个人的名誉害了一批人。

记者：害了一起跟着干的人？

陈堃銶：对。

记者：风险太大？

陈堃銶：有人觉得外国都做出系统来了，你们还做啥呀？外国确实是把产品拿来展览了，我们国家也进口了好多外国的系统，不过最后全被我们淘汰了，说明它们不行。

无论是在怎样浮躁的情况下，自己都要沉下心来

记者：刚才说的爱国奉献，您感觉跟五四精神一脉相承吗？

陈堃銶：是的，北大一直有爱国的传统。想想看，“振兴中华”是北大提出来的，是不是？**现在我觉得有的事情挺可悲的，现在有的学生选专业，就看哪个好找工作、哪个挣钱多，太重功利了。**

现在的社会风气对青年人有腐蚀作用。但北大有些东西是不变的，我们有一批优秀的老师和学生。就像我们北大计算机研究所里面的这批人，还是很不错的，是真的风清气正。

记者：虽然我们改变不了社会这个大环境，但是我们要有定力改变自己的内心。

陈堃銶：对。**无论是在怎样浮躁的情况下，自己都要沉下心来，都要有定力，都要有自己的气节和风骨。我们知识分子千万不要把聪明用错地方。**

北大“创新的精神，应该是有的”

记者：您觉得现在北大的老师也好、学生也好，还能找到当年您和王选先生那种“一步跨越40年”的勇气吗？

陈堃銶：这种创新的精神，应该是有的。

计算机研究所真的不错

记者：现在看北大科学研究也好、成果转化也好，在您的印象中，有没有敢于自主创新的成果？

陈堃銶：整个北大的情况我不是很了解，我只觉得我们计算机研究所真的不错。那些年轻人真的很不错。但是他们的机会比较少，因为在

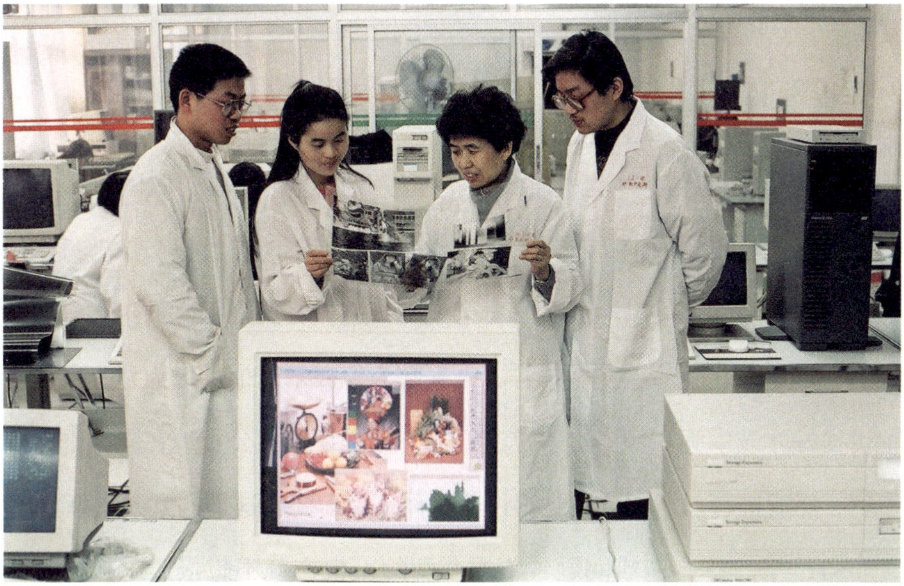

现在这个大环境下，如果是没有“帽子”的人物，会遇到不少困难。但是他们一直很努力，也出了不少成果。

诺贝尔奖得主自己得奖事先都是不知道的

记者：自然科学基金还算是相对公正的。

陈堃銶：**我觉得现在有些地方确实需要改革。譬如各种评选评奖，诺贝尔奖得主自己得奖事先都是不知道的。而咱们的奖，很多都是由自己申报，自己写材料，由于评奖的人又不大了解其真实情况，就可能被钻空子。**所以我为什么说要诚实做人，你到底几斤几两，就说自己几斤几两，不能夸大！不能把芝麻说成西瓜，更不能把别人的工作算成自己的！我有个亲戚，有一次看见人家填的表，说这是我做的事，怎么就变成他的了？所以我觉得，评选评奖的机制应该改革。

各种奖可以不取消，但不能自己报、自己写

记者：需要改变评奖机制，还是压根儿把这些奖项给取消了？

陈堃銶：不是取消。各种奖可以不取消，但不能自己报、自己写。就像诺贝尔奖那样，屠呦呦获奖时自己就不知道。有的人得诺贝尔奖自己不知道，获悉消息时还正在做报告，大家都为他鼓掌，他还以为是人家觉得他讲得好才鼓掌呢！像诺贝尔奖这样的，都是评奖人公正地在同行里进行了解，然后推荐。所以，我觉得评奖这件事情需要朝这样的方向改革。

自己报，就会造成问题：不求名利的人根本就不想报，这样真正好

的人不一定上得来；而削尖了脑袋想往上爬的人，就会利用公关手段，甚至把别人的工作成果都算到自己身上。

倘若人品不好，才能高反而更坏

记者：陈老师，我们前两天跟林建华校长也聊了一下，并向他请教，北大120年的历史太厚重了，能不能用一句话来概括？他讲了“爱国、进步、民主、科学”，讲了“学术传统、学术精神”，但是他认为，印在北大人灵魂里的，就是鲁迅先生说的那句话。

陈堃銶：“北大是常为新的。”

记者：对。不知道您怎么看？

陈堃銶：我也觉得是这样，一个当然是刚才说的爱国、奉献，北大人确实爱国，确实有一批人是无私奉献的，另外就是要不断地要求进步，要求学术上的进步。

记者：别的学校也是这样的吗？

陈堃銶：别的学校确实也是这样。但**北大在推动整个科学发展和社会进步方面，我觉得起的作用可能更大一点。所以我希望我们能培养出更多的领军人物、领军人才。人才应该考虑人品和才能两方面。倘若人品不好，才能高反而更坏。**所以我为什么钦佩我的那些老师，因为他们人品很正，连带着整个数学系的风气都很正。

做事情真的要“顶天立地”

记者：可能真的是像王选先生说的那样，做科技就要“顶天立地”。

陈堃銶：对，做事情真的要“顶天立地”，要踏踏实实。

记者：应该怎样支持科学家为市场提供很好的服务？企业毕竟是逐利的。

陈堃銶：对，我们多年跟企业合作深有体会，这是很苦恼的事情。做软件跟研发机器不一样，你研发了一个机器，去生产就行了，但做软件就有一个长期维护的问题。我们也遭到过一些诟病，说你十年磨一剑，到底磨哪一段？一个发明，到后来没有多少创新了，但都是具体工作，要根据不断遇到的需求，这儿改改，那儿增加一点。

技术要推广到市场，就要跟企业合作，签协议、占股份都可以。学校第一位的任务就是培养学生、搞科研，为了提升学术水平搞科研，在这个过程里培养学生，目的不是赚钱，而是给学生一个锻炼的机会。

课题“让学生去担当重任”

记者：您和王选先生当初能够兼顾科研创新和育人工作，具体是怎么做的呢？

陈堃銶：比如，开一个课题的时候，让学生去担当重任。我开始是负责整个软件的开发工作，后来每一款软件都由学生来做，由学生来主持，以此来锻炼他们。成长起来的这批学生里，有一个现在是阿里巴巴的高管，有的是我们学校计算机研究所所长、副所长，他们都是很优秀的人才，并且为人都很正直。还有的去了其他大学，其中有王选的学生，也有我的学生。

王选治学格言，有四句话

记者：如果您作为一个妻子来评价您的丈夫，会做怎么样的评价？他是一个什么样的人？

陈堃銶：**王选自己写过一个院士治学格言，有四句话，我觉得对他挺合适的，就是“选准目标、狂热探索、依靠团队、锲而不舍”。**这个我觉得挺能说明他的为人和做学问的态度的。

他是怎么选准目标的？一个项目来了，他先了解国内外情况，大量查阅资料，并且自己动手。他说，如果光看资料不动手的话，有的时候就不切实际。

他为什么选准汉字精密照排这个项目？当时国家“748工程”有三个子项目——汉字通信、汉字情报检索和汉字精密照排，他为什么看重精密照排？因为他说，通信的话，跟国外没什么差别；检索的话，没有资料如何检索？只有把文稿都录入计算机后才能够做其他的。所以，他判断汉字精密照排这个项目最值得研究。

他可以30个小时不睡，把身体都弄垮了

记者：怎么理解这四句治学格言？

陈堃銶：“选准目标、狂热探索”，这是要玩命的，所以他就成天在那儿琢磨。他年轻的时候更不得了，年轻的时候跟着老师做计算机，他可以30个小时不睡，把身体都弄垮了。后来他就吸取教训了，不能“开夜车”。

“依靠团队”，是说他能够领导一批人，人家能够服他。有好几个人，其中有一个山东潍坊的，前几天还给我打电话，他说：“我跟着王老师干的这几年，是我一生当中最愉快、最有意义的几年。”还有一个到国外定居的人说：“我这一生里就数这十几年是最有意义的，与王老师的合作也非常愉快。”这位到国外定居的是以前我们研究所的，当时是很得力的一个助手。

后来王选写过一篇文章，他在里面写道：“善见他人之长，是团队精神的基础……我做每一个项目都发现有人在某一方面比我强。”对此，他把这些人一个一个地罗列出来。他列的人里面，还有一个曾经是骂过他的，但是他觉得那个人在组织生产方面的能力很强，因此依旧把他列入文章中。王选就是这样一个打不还手、骂不还口的人，同时为人也是公正得很。

“锲而不舍”，就是盯住了做，一定要做下去，彻底改造印刷业，而不能只做一半。我们从国家那儿拿了大概1000万元的经费，有的项目拿的钱比我们多出好几倍，但看不见成果在哪里。

身上这股劲儿源自“责任心”

记者：王选先生真的值得钦佩。你们身上这股劲儿是从哪儿来的?

陈堃銶：是责任心。其实我们并不是每一天都在那儿创新，而是需要做大量烦琐、重复的工作。你看看他的手稿就知道，现在家里还保留着他2000多页的手稿。

记者：常人都难做到，一页纸上密密麻麻地写着这么多字。

陈堃銶：是啊，而且都是查了好儿遍的东西。

记者：手写的?

陈堃銶：手写的，那时候没有计算机。就是认准一个目标，坚持把这个事情做下去。**我觉得身上这股劲儿就来源于强烈的责任心和责任感。其实，教学生也是一样，要把学生教好，你就得琢磨，得有责任心。**我的老师跟我说过，课堂上，你在引入一个新概念的时候，至少要讲两遍，第二遍的讲法要跟第一遍不一样，你要让每个人都能听懂，这就是责任心，并不是说讲完了就完事了。

要么不做，要做就把它做好

记者：责任心是有传承的。

陈堃銶：对，**要么不做，要做就把它做好。要做好你就得静下心来，这就是我提出“一定要静下心来”的原因。**现在我看报纸、电视，我就说句不好听的话，几乎每天都能从中找出错别字来。

对人要真诚，一就是一，二就是二

记者：责任心的来源是什么？

陈堃銶：来自对社会的担当。我们生活在社会里，过去不是说“人人为我、我为人人”吗？**我说，要诚实做人，就是对人要真诚，不管他是什么人，是总统也好，扫地工也罢。对所有人都要真诚、要真实，一就是一，二就是二。**在我们生活的社会里，如果没有其他人做贡献的话，你能很好地生存下去吗？所以每个人必须把自己的工作做好。

记者：陈老师，咱们现在的技术在世界上还是领先的吗？

陈堃銶：最近的情况我不知道，反正我们的技术和产品已经出口到发达国家了。

我们不善于与企业打交道

记者：陈老师，用现在的话说，您也是汉字激光照排这一事业的联合创始人。

陈堃銶：反正从这项工作一开始，我就和王选在一块儿了。原来我是不愿意参加的，因为我跟他合作，人家就会说夫妻合伙。其实我很想躲避，可是我们计算数学教研室找不出更合适的人。

王选性格上有弱点，我说他打不还手、骂不还口，太老实了，对人不设防，尤其在跟企业打交道时，常常吃亏。我们需要与企业合作，但企业往往注重利润最大化，所以容易产生矛盾。有的企业觉得技术学会了，就抛弃我们，这样可以不付给我们技术转让费。

记者：太复杂了，思维都不一样。

陈堃銶：还有的企业是这样，今天干这个活，恨不得明天就能赚钱。如果你要开拓新的项目，需要做研发，企业就说：怎么还不赚钱呢？如果出现亏损，他们可能就会觉得是我们害的。所以我们不善于与企业打交道。

咱们跟国外比“还是有差距的”

记者：您在北大待了65年，最想对北大新的老师、年青的一代说点什么？

陈堃銶：从国家和社会的利益出发，好好做学问，踏踏实实做学问。希望北大能够培养出优秀的领军人才。咱们跟国外比，应该说还是有差距的。**希望北大将来也能够成为世界各国留学生向往的学校。学校是否称得上一流，就是要看它在国际上是什么地位**。为什么我们的学生愿意出去留学？王选曾说：“北大的学生是一流的，后来好多都出国了，就好比一锅汤上面的一层油都‘撇’到国外去了。”为什么我们的学生还向往哈佛、麻省理工、牛津、剑桥那些学校？说明我们与它们还是有差距的。所以我们一定要踏踏实实地把各学科都建设好。

北大应该做自己，应该强调中国自己的特色。北大现在可能对国内已经有影响了。但是我觉得，光是对国内有影响还不够，应该对国际有影响。

记者：哪里不够？

陈堃銶：虽然咱们的学科水平有的可能已经很不错了，但是总体来说可能还不是世界一流的。现在有一个名校排行榜，但对排行榜我是不信的。

记者：没有那个东西，就没办法说你的学校有多好。

陈堃銶：就是，你就得“晒”。这个时代我就说为什么不一样了，这是个自我张扬的时代，没有批评与自我批评，只有表扬与自我表扬。过去我上学的时候，都是“夹着尾巴做人”，没人敢说自己怎么怎么好。但放到现在，没有一个人说我怎么怎么不好。

记者：时代不一样了。

陈堃銶：对，你不那么说不行，否则你只能被淘汰。

记者：您今年高寿？

陈堃銶：82岁。我只会“胡说八道”。

记者：您说得特别好，说的都是实话。您跟王选老师，如果从结婚算起，到今年是多少年了？

陈堃銶：我们结婚晚，1967年结的婚，因为他一直身体不好。到现在的话，已经有50多年了。他在无线电系，我在数学系，我后来做软件，他后来做硬件。

人类要有坚守，文化更需要坚守

——与北京大学哲学系资深教授楼宇烈面对面

导 言

有一种聆听，如沐春风

楼宇烈，浙江省嵊县（今嵊州市）人。1934年生，1955年考入北大，一待就超过了一甲子——从1960年北京大学哲学系毕业后留校任教至今，现为北京大学哲学系教授、北京大学国学研究院导师、北京大学宗教文化研究院名誉院长。主要论著有《玄学与中国传统哲学》《儒家修养论今说》《中国儒学的历史演变与未来展望》《佛学与中国近代哲学》《王弼集校释》《中国文化的根本精神》《国学精神——中国的品格》等。

楼宇烈是享誉海内外的资深学者，是中国优秀传统文化的集大成者和虔诚守护者。他创立了北大国艺苑，兼任校内外几十家中国文化社团的顾问，退休后依然常年奔波于各地讲学，致力于中国传统文化的传播与弘扬。

至今仍清晰记得他接受采访时穿的衣服：深蓝色的中式棉布衣，溜肩，盘扣，拼接设计。他解释说，溜肩代表崇尚自然，盘扣是因为古人讲究不能漏气，所以在衣服外加盘扣，而非在衣服上开扣眼儿，而前襟的“接”则代表阴阳调和。看得出来，他穿的不是一件简单的衣服，而是中国的传统文化。

他研究中国哲学数十载，对中国的传统文化有特别的体悟和感情，能以深入浅出的讲述，感染倾听的人心生同样的情感。

从他口里传递出的传统文化，就好像醇厚的鲜奶，那么滋养人；又好像一个平易近人的智者，那么吸引人，让人不禁产生去钻研传统文化的冲动，想为传统文化的传承和发展做点儿什么。

听他讲，你会顿悟。我们之所以认为传统文化生涩和久远，是因为缺乏遇到真正懂它的人来向我们传播。而这些人可能就藏在高校里，等待我们去发现，等待他们来传播和分享。

至少从楼老这里我们能感受到，他是那么淡定、平和。一如滋养他的中国传统文化一样，即便曾被冷落，也依旧不骄不躁待人识。可见传统文化的积淀能给人带来多么强大的定力和自信。

我们就像孩子一样，听着一个富有智慧的长者讲述他的北大情缘、为师之道、养生之道，不知不觉灵魂已被浸润，如沐春风。这样的智慧应该被更多人分享，因为他说的内容，读来是通俗易懂的，品来是深邃有力的。

我很感恩国家、党和社会

记者： 能说说您和北大的缘分吗？

楼宇烈： 北大是近代中国人心目中最高的学府了。我当时是以第一志愿考入北大的。我在1955年高中毕业时，根据当时的形势，也只能上北大。因为我中学的时候兴趣很广泛，不管是文科也好，理科也好，都很有兴趣，所以上大学希望能找到一个文理兼备的综合性专业。看来看去，后来看到了哲学专业。哲学是自然科学和社会科学的综合，所以就选定了哲学专业。当时全国唯一有哲学系的就是北京大学，在1952年院系调整以后，许多高校的哲学系都合并到了北大，所以我也只能选择这个。既有心中向往的原因，也有时代条件的因素，只能选择北大。

我经常讲，我很感恩国家、党和社会。在1955年的时候，我们家已经比较衰败，上学有点困难，虽然当时我考上北大了，但想放弃，因为家中兄弟姐妹多，所以想给家庭减轻负担。当时上海市教育局的人知道了这个情况，特别找我谈话，希望我能上，告诉我有困难的话可以通过助学金等方面来解决，这才让我决心上北大。由于各种因缘，更由于国家、党和社会的关怀，我才能够来北大上学。

到了北大，确实没让我失望

记者： 上北大感觉怎么样？

楼宇烈：在我们的心目中，北大是一所很高的学府，它有着学术自由的精神。到了北大，也确实没让我失望，真是符合了自己心中的愿望。我们那时候上学，哲学并不是一门很单纯的哲学课程，我们还有很多自然科学的课程。特别是像物理等课程，都是当时国内顶级的教授来给我们上课。他们给我们讲最新的成果，对我们的学习起了很大的帮助作用。

在北大，当时我们是五年制。虽然我是1955年进入北大，但是在1957年时国内就开始开展政治运动，这对课程有很大的冲击。先是开展反右派斗争，等反右派斗争结束以后，又开始了1958年的“大跃进”运动，我们就下乡、下厂去参加劳动。大概一直到了1959年的时候，因为三年困难时期开始，所以我们就返校继续学习，继续搞科研。这些经历对我的成长还是很有意义的。

当时理想很简单

记者：能否再具体说说？

楼宇烈：当时的理想很简单，以为共产主义很快就要实现了，以为“楼上楼下，电灯电话”，就是共产主义了。当时农村里面搞运动，就是把一些私有的东西都扫除了。在当时的农村，不能在家里自己开小灶，可以说是走到哪儿吃到哪儿。我们下乡的时候，也是从这个村吃到那个村，从这儿工作到那儿工作，完全是公有制的形式。

记者：北大是1946年搬到现在所在位置的吗？

楼宇烈：不是。北大是在1952年搬到这里的，这里原来是燕京大学的校园。1952年全国大学院系调整才搬到这里的。

记者：您刚才说，您是在那个动荡的年代、那个背景下学习的？

楼宇烈：我刚才讲了在1958年“大跃进”运动的时候，我们基本上就离开了学校，到农村去搞人民公社化运动，所以在农村待了一年多。等到1959年三年困难时期开始，才重新回到学校。像我们这一届，本来是五年制，实际在校时间只有三年多。

我们那时候基本上都是这么过来的

记者：当时很多学校的学生都是这样的吗？

楼宇烈：我们那时候基本上都是这么过来的。但人跟人不一样，有的人坚持追求，有的就变化了，甚至放弃的也有。

当时的运动也不止这个运动。等1960年我们毕业，我就留校了，在学校待了半年多。等1961年年初的时候，我又被下放了，下放到附近的六郎庄，在那儿又待了一年多，在那儿探索知识分子怎么跟工农相结合等问题。

在那儿待了一年多后，很快又发生了一些变化：国内开始出现向科学进军的热潮。当时中央组织全国进行教材编写，在1961年年底我又被调回来，结束了农村教育革命探索。调回来以后，我参加了中国哲学史的教材编写工作，直到1964年教材出版。

这个阶段经历了三年的时间，虽然我在那儿主要是帮助老教授们寻找资料、收集资料，但那段时间对我来说，也是一段能够专心学习的时间。而且这是一个能向各位教授、老师讨教的机会，这是非常宝贵且非常难得的。

全国所有的五七干校都撤了

楼宇烈： 1964年以后，教材编写的工作还没有完全完成，就匆匆忙忙结束，大伙参加“四清运动”去了。我前后参加了两次“四清运动”，第一次是从1964年到1965年，第二次是从1965年到1966年。

等1966年“文化大革命”开始以后，我又很快回来参加“文化大革命”。从“四清运动”到“文化大革命”，那是个很动荡的年代。在1969年的时候，学校一大部分教师都被下放到北大五七干校，当时在江西，进行知识分子改造。我是在1969年下半年过去的，就到那儿参加劳动。

从1966年到1969年，高校停止招生，大概停了有五年的时间。到1971年重新恢复招生，那时叫工农兵学员。就北大来讲，是从两个地方来招生，一个是从本校招，另一个是从干校招。我当时在干校，是教学组的老师，在那儿教学，待了一年左右。后来回到北大，回来以后不到半年，全国所有的五七干校都撤了。

记者： 恢复高考之后才走上正轨吗？

楼宇烈： 对，1977年开始恢复高考。

从老师们的身上学到很多东西

记者：当时北大的师生关系怎样？

楼宇烈：几乎是从20世纪50年代中期开始，我赶上了一个动荡的时期，“三反”“五反”，还有工商业改造。我们这一代人是从这样一个动荡的历史时期里走过来的。所以在全国高校里，在学术上有实在作为的学者并没有多少，北大就是最好的一个。**我们跟老师们的关系都非常亲密。虽然当时没听多少课，但是在平时的交往中，我们从老师们的身上学到了很多东西。所以，那个时候的师生关系我一直非常留恋，我也非常希望现在的师生关系也能这样。**

“为人之道”和“为学之方”：师生就像父子一样，就像朋友一样

记者：是一种什么样的关系？

楼宇烈：就是传统的师生关系。师生就像父子一样，就像朋友一样。我们不仅仅是在课堂上跟老师见面，课余时间也会和老师接触。并不是说老师讲完课走了，我们就没有跟他接触的机会了。

我觉得这是中国传统的一种师生关系。老师应该以身作则，**学生不只是从老师那儿学到一点知识，而且要跟老师学怎么样做人、怎么样做学问。**这其实是一个方法问题，怎么样发现知识，怎么样提高掌握知识、运用知识的能力，我把这叫作“为人之道”和“为学之方”。

老师应该在“为人之道”方面做出榜样来，将“为学之方”传授给学生，并不是只教给他们一点知识而已。要让学生知道怎么做学问这个最重要，所以我自从当老师以来，在课堂上反复强调，我并不是在传授知识。知识这个东西，特别是一些基础知识，大家应该去自学，通过工具书也好、前人的著作也好，现在有很多的书都能作为学习的参考。所以老师在课堂上最重要的是要传授做学问的方法，就是传授我刚才讲的一种发现知识、掌握知识，特别是运用知识的能力。所以学生带着问题来学是最好的，这能开启学生的探索精神。

不要求学生都是一样的

记者：在做学问的方式方法上，北大跟其他学校有什么不一样的地方吗？有什么特质？

楼宇烈：我刚才讲了北大有学术自由、兼容并包这样一种精神，它并不要求每个学生都是一样的。同样听我的课，你可能有这样的体会，他可能有那样的体会，我们不要求学生有一个统一的答案。也许你看到这一点，他看到那一点，如果能互补就更好了。

北大的学术精神，从蔡元培开始，就说兼容并蓄、兼容并包，实际上，我觉得更多的是学术自由。

过去有些老教授一辈子就写了那么一本书，但大家都尊重他

记者：现在这样的传统延续得怎么样？

楼宇烈：应该是。我觉得，相对来讲，北大的学习氛围比其他学校宽松得多、活泼得多。

记者：您刚才说“留恋”，以我的理解来看，是不是现在北大老师在治学这一块比原来弱一点？

楼宇烈：整个学风太学术化，过多的学术化和专业化，体现在“为人之道”上的东西就比较弱了。因为我认为师长是一个模范，是一个榜样，是学生们学习的榜样，身教重于言教。

记者：因为现在学生太多了，“为人之道”就弱了？

楼宇烈：这个跟我们整个社会有关系。我们过去有些老教授一辈子就写了一本书，但大家都尊重他，都觉得他是有真学问的。不像现在，动不动就拿出很多很多“成绩”来，还要评比。整个社会的氛围，跟原来完全不一样了。

讲东西要让大家能听得明白

记者：您说的过分学术化和专业化是指这个吗？

楼宇烈：这就是现在的学术标准问题，比较死板了。

记者：您能举个例子吗？在您当年求学时，有没有对您影响比较深的老先生？

楼宇烈：对我产生影响的老师很多，比如说我的老师冯友兰先生。他当时对做学问的人要求讲东西要让大家能听得明白，这个我印象很深。所以我当老师以后，也还是秉承这样一个理念。一方面要让人能听明白，但是光有这方面还不够；另一方面就是要让在这方面有修养的人听了以后觉得有新意。

记者：雅俗共赏？

楼宇烈：对，可以说是雅俗共赏。对这方面没有基础的人能听明白，对这方面有很深研究的人也能听出新意。

师德的问题一定要重视

记者：这个难度相当高。

楼宇烈：这是我一直以来对自己的一个要求，是老师对我的影响。汤用彤先生对我也有很大的影响。我来北大的时候，汤用彤先生是副校长、学术委员会主任，不久以后他就病了，我没有听过他的课，但是他的书我看过很多，这引起了我对魏晋玄学的研究兴趣。因为在这方面他有一本书叫《魏晋玄学论稿》，我看了很感兴趣。后来我还专门针对最著名的玄学家王弼的著作做了整理，出了《王弼集校释》一书，由中华书局出版。这本书是在“文化大革命”以前，也就是1964年整理完成的，真正出版是到“文化大革命”以后。因为整理完以后正好赶上了“文化大革命”，“文化大革命”以后，又补充了新的材料，才正式出版。这本书到现在也还是很有影响，很受大家欢迎。而且中华书局把我写的《王弼集校释》拆成两本书来做，一本是王弼的《老子道德经注》，一本是王弼的《周易注》，这两本书都销得挺好。

王弼的《老子道德经注》，自从印成单行本后，到现在已经印了10

多万本了。像这种书销量很大，也确实难得。魏晋玄学在中国历史上有很重要的意义，而汤用彤先生对此贡献很大。

所以说，老师对学生的影响是很深远的。对学生的影响，总的来说就是怎么样做学问、怎么样做人，所以师德的问题一定要重视。中国古代就非常重视师德，汉代学者扬雄讲过："务学不如务求师。"**师者模范也。老师就是模范、榜样，所以我们讲"师范"，"师"就是模范，是要给学生起示范作用的。**

德还是第一位的

记者：现在高校不时曝出失德失范的事件，是什么原因让老师跟学生的关系变成这样？

楼宇烈：就是因为不重视师德的建设，不把师德放在第一位。当然光有师德也不行，你也得有这个教学能力，得两个方面结合，但德还是第一位的。

就像父母一样，**父母不一定有很多学问，但是父母的行为规范可能对孩子一生产生影响，父母与孩子之间是代代相传的，老师与学生也应该是代代相传的。**

这不是一个光传授知识的问题

记者：所以古人说"一日为师，终身为父"。

楼宇烈：中国人的习惯，就是把老师比作父母，所以中国的传统教育模式特别像书院模式。书院模式就是一种以书院为家庭、以师生为父子的模式。我打个比方，大家都熟悉的《梁山伯与祝英台》，故事中，祝英台让师母去转达心意，这就表明那个时候的师生关系就像家庭关系一样亲密。**现在在我们的学校里，变成老师仅是来传授知识的，传授完了就完了。其实这不是一个光传授知识的问题，而是要与学生一起相互交流的问题，是一个教他们如何做人、如何做学问的问题。**

做老师是很幸福的

记者：楼老师，您做了将近60年的老师了？

楼宇烈：是的，从1960年一直到今天。做老师是很幸福的，因为总能跟年轻人接触，所以自己也能保持一种年轻人的心态。而且看到学生们取得成就，作为老师，是最高兴的。

整个中国文化就是做人的文化

记者：从您的体会来说，成为一个好的老师，关键是什么？

楼宇烈：最关键的问题还是做人，**整个中国文化就是做人的文化、修身的文化，做一个真正的人，不要辜负“人”这样一个称号，要不断地进行自我提升。**在这个方面，中国古代的教育一定是以师为主的。《礼记》里面讲道，教育是一个国家最重要的问题：“建国君民，教学为先。”就是建立国家、统治人民，首要的任务是振兴教育。

教育的目的是什么？就是教人做人之道、为人之道。“玉不琢，不成器；人不学，不知道。”一块美玉如果不加以雕琢的话，不可能成为一件精美的玉器。构建一个良好的社会基础，这是教育的根本目的。如果说这是一幅图画，要用什么来画？用一种人文精神来画。

通过礼乐教化，让你懂得做人的道理

记者：现在我们的人文精神欠缺吗？

楼宇烈：欠缺得很啊！就现在来讲，人们应该用最基本的社会行为规范来要求自己，因为对于“人文”这个概念的明确定义是：“文明以止，人文也。”文明就是我们传统文化里面的礼乐教化。通过礼乐教化，让你懂得做人的道理，你是一个什么样的人，就应该尽什么样的职责。

礼乐让我们每个人知道自己的身份。我是父母，我就应该爱子女、养子女，还有教子女；如果是子女的话，就应该孝敬父母。这就是“文

明以止”。礼乐教化让我们每个人懂得自己的身份、责任、义务，这就是人文精神。中国传统的东西是很丰富的。

不做神的奴隶，也不做物的奴隶

记者：这也是儒家的思想？

楼宇烈：也不光是儒家，中国整个传统文化就是这样。**中国整个传统文化的精神体现在自我认识上，就是人要保持主体性、独立性，不做神的奴隶，也不做物的奴隶。**

所以我曾经总结了一下，中国的人文精神是一种什么精神？“上薄拜神教”，也就是说中国文化不是拜神的，对神的崇拜不是非常重；“下防拜物教”，要防止物欲对人的侵蚀。因为如果真的做了神的奴隶，做了物的奴隶，人就没有主体性了，独立性就丢失了。**中国文化的精髓就是保持人的主体性、独立性。中国传统文化中“上薄拜神教，下防拜物教”的人文精神是价值所在，这样人就不会变成神的仆人，也不会成为物质的奴隶。这种宝贵的人文精神，在不同的时代都焕发着光彩。**

人首先要有自尊，这是最重要的

记者：人的主体性和独立性意味着什么？

楼宇烈：就是人要有一种自觉性，人不是动物，不能像动物那样。人要保持主体性和独立性，是很重要的事情。

为什么要进行教育？**教育就是让你懂得做人的尊严。所以，人首先**

要有自尊，这是最重要的。有了自尊以后才能自立，自己约束自己。如果一切都靠外力来约束，那这实际上就不是人了，动物才是这样。动物没有自己约束自己的能力，一切都是靠外力去约束它。所以，做一个人，首先要能约束自己，才是一个真正的人。

有责任感，才能有自觉性

记者：您觉得，激励一个老师成为好老师，不管是在师德上还是业务上，动力是什么？

楼宇烈：动力就是一个人的责任感，读书人的责任感。每个人都要尊重自己，要有自尊心。

作为一个读书人，他是受过教育的，就应该在人群中起模范作用、带头作用和引领作用，这是读书人的责任。有这种责任感，才能有这种自觉性，没有责任感，就不会有自觉性。

作为一个读书人，就应该发挥社会引领的作用，应该担当起这样的职责。所以对读书人的要求就比一般人要高，不能跟一般人比。

过去有一句话，大家都有误解，就是"礼不下庶人，刑不上大夫"，以为说的就是等级差别。其实，我是这样理解的，一个人既然是大夫的身份，就应该用"礼"来约束自己，不应该靠"刑"来约束。如果用"刑"来约束行为，这个人就没有资格当"大夫"。对一般人可能要求不那么高，但作为大夫难道连这点自觉性都没有吗？如果大夫都要靠外力来强制约束自己的行为，那他就不配称为"大夫"。"礼不下庶人，刑不上大夫”，我觉得也有这层意思。

“外在的物”怎么发展，得有人文的指导才行

记者：您刚才谈到人文精神的欠缺。在延续中国人文精神这方面，北大担负什么样的责任？做得怎么样？

楼宇烈：我看北大做得还不够。人文是起方向作用、指导作用的，而我们现在更关心的是科学，实际上就是自然科学，自然科学主要研究的是“外在的物”。“外在的物”怎么发展，得有人文的指导才行。如果没有人文的指导，想怎么发展就怎么发展，就会变得很盲目，而肆意去发展了。这样发展的结果，会让人丧失自我、迷失自我，是会损害别人、损害自己的，会对整个环境造成破坏。

重视人文：不光是北大努力，整个社会都要努力

记者：北大的人文传统还是很深厚的。

楼宇烈：重视的还是理工科。

记者：您觉得北大对文科、对人文重视程度还不够，是吗？

楼宇烈：还不够。

记者：这是北大努力的方向吗？

楼宇烈：不光是北大努力，整个社会都要努力。这是整个人类要努力的一个方向。

记者：您见证了北大的60多年，北大老师身上是不是有一些独特

的气质和精神？

楼宇烈：一部分老师坚持了传统，一部分老师丢失了，有一些老师可能不太自觉，而是随大溜的。

人文的力量看不见、摸不着，但实实在在起着作用

记者：您说的传统，就是“为人之道”？

楼宇烈：教育的目的就是教育人怎样做人，就是通过教育把社会风气引领好。如果我们没做到这个，教育就是失败的。

我们不仅仅是培养技术人才，不管学什么，现在很大的问题是，学自然科学缺少人文的引领，所以现在很多人都强调自然科学要有人文的指导和引领才行。大家都盼望能往这条道上走，不光是北大。

因为在这100多年里，人文精神有所丢失，更多的是把科技看成人类力量的体现，而没有去关注它的发展方向。**人文的力量看不见、摸不着，但实实在在起着作用。**

100多年来，我们对自己的文化坚守得不够

记者：北大提出“培养引领未来的人”，您怎么看？

楼宇烈：我想我说得可能不好听，我们不要有太多期许。我们能不能做到这一点，要在实践中做了才能算，不是光喊几句口号就能够做到的。

记者：您觉得，要培养适应现代社会不断变化的人才需要什么？

楼宇烈：要坚持“为人之道”。我们要坚持原则，在坚持原则的基础上我们可以进行变通。

记者：不变的是“为人之道”，变的是适应这个时代的各种变化？

楼宇烈：对。适应这种变化，要看从哪个方向来适应。总体来讲，因为有很多刚才讲的实用理念在里面。尽管“为人之道”很难坚守，但**人类还是要有一个坚守，文化更需要一个坚守。**100多年来，我想我们对自己的文化坚守得不够，在这样一个大环境下，北大也是一样。

期待人文精神的回归

记者：对北大未来的发展，您有什么样的期望？

楼宇烈：我刚才讲的，期待人文精神的回归，要把人文精神提到最首要的位置上。我在20世纪末写过一篇文章，讲的就是对21世纪文化发展的一种期望。在20世纪，我国文化上出现了两个偏差：一个是中国文化的因素跟西方文化因素的不平衡，西方文化远远超过中国传统文化；二是自然科学和人文科学的不平衡，自然科学地位远远高于人文科学。所以我说，期望在21世纪，这两个“不平衡”有所改变，首先得让它们平衡起来，其次再进一步发展。

应该让中国文化的元素高于西方文化的元素，为什么不能在我们东方文化的基础上来发展世界文化呢？完全可以，完全需要。一些人认为中国没有科学思想，这是完全错误的，要看用什么样的科学理论作为标准。中国有中国的科学思想，西方有西方的科学思想。西方近代科学思想和中国传统科学思想是有差异的，不能说他们的是科学，我们的就不是科学。如果我们能秉承中国传统科学思想去发展文化，我想很多地方是可以超越西方的，但是这些被我们丢弃了。

所以第一我们要达到平衡，第二我们要让中国文化的传统或者元素能够更加超越西方，那就要站在我们是文化主体的立场上去发展。

自然科学跟人文科学要并重

记者： 这对北大意味着什么？

楼宇烈： 意味着我们能真正屹立于世界民族之林，要不然总是跟在别人屁股后面走，谈不上民族自立。

所谓国际化、世界化、全球化，不是去附会别人，而是要把自己的优点发展到顶级。我们有传统优势，要把它发挥好。

另外就是自然科学跟人文科学的问题。首先是这两样要并重，甚至人文科学要更领先一点。因为人文科学起引领作用、指导作用、方向作用，所以它应该更领先一点。可是我们现在的情况不是这样的，就北大来讲，未来希望这些人文科学都能更好地发展起来。

人文科学，许多是跟着西方走的

记者： 您是说有的北大人文科学水平在下降？

楼宇烈： 现在大家都在进行全国对比，在过去，北大许多人文科学都处于领先地位，但现在有些可能不够好。

记者：人文科学是不是不能跟着西方那一套走？

楼宇烈：我们现在的人文科学，许多是跟着西方走的。

记者：现在非常强调传统文化，这是一个好的趋势吧？

楼宇烈：是好的趋势。但是我们怎么来充分认识传统文化，怎么来认同传统文化，这还是很欠缺的。**社会的主流人群，对传统文化还没有重新认识，很多情况下还是凑热闹、追追风。**

中国有些西医比西方的西医还“西医”

记者：这个问题很多人都认识到，很复杂，不好改变。

楼宇烈：是很复杂，因为我们很多观念没有转变过来。

记者：还有体制的问题，所以您说的其实就是独立性的问题，人要保持独立性。

楼宇烈：**如果文化主体意识丢失的话，我们只能做别人文化的追随者，不可能有真正的自己。**我举一个很简单的例子，比如说我们的自然科学，不管是物理学、天文学，还是地理学，我们能不能在中国传统的科学思想基础上进行发展？比如借鉴阴阳五行的思想，恐怕很难。但阴阳五行恰恰最能切实地反映自然现象和自然规律。**我们为什么不能坚守中国医学这样一条道路走？现在，中国有些西医比西方的西医还“西医”，这就是失去文化主体意识的体现。**

我们没有意识到自己其实拥有那么宝贵的财富

记者：许多教材的体系都是西方的体系吗？

楼宇烈：20世纪80年代我很关心医学，有一个瑞士留学生在中国医药大学学了两年的中医后来找我。他说，到那里以后发现所学的中医理论是用西方医学的原理跟中国的传统医学挂钩并解释的。他说：“我知道中国的医学跟哲学是密切相关的，我能不能到您这儿来听中国哲学课？”我说：“可以，欢迎你来听，但是你也不要抱太大的希望，因为我们现在讲的中国哲学，也是按照西方的哲学框架去套的。”就是存在这样的问题。

所以我盼望着有一天，我们自己的文化主体意识不仅能用来诠释我们中国的传统，而且能用来诠释我们现代的东西，这些才能显现出我们的文化主体。不要认为自己的文化就是落后的文化。

现在人们的心理问题特别多，患抑郁症的人特别多，这些问题靠什么解决？靠现在西方的科学？光靠科学去解决，怕是永远不行。但是现在西方都这样做，西方早就拿这些东西解决心理问题。而我们现在还是按照西方前一段走的那个路子去走，却没有意识到自己有那么宝贵的财富。

“钱学森之问”是一个伪命题

记者：为什么提文化自信？

楼宇烈：对于文化自信，理解有很多。现在文化自信也有两个含义：一个是红色文化自信、革命文化自信，一个是传统文化自信。哪个是最根本的？当然要以红色文化自信、革命文化自信为主了。

记者：您觉得，现在北大还能产生学术大师吗？

楼宇烈：只要有传递，还是能够产生学术大师的。不是有一个“钱学森之问”吗？“钱学森之问”是一个伪命题，我们不是没有人才，而是我们认同不认同这样的人才。社会上的人才多的是，民间的人才多的是，但我们不认同。

不是说你写过多少篇文章就是有真才实学

记者：所谓的真才实学，究竟是什么？

楼宇烈：不是说你写过多少篇文章就是有真才实学，关键还得看你能解决多少中国的问题，哪怕是你自己的问题、同学的问题、学生的问题，要能解决他们的困惑。

老师是传道授业解惑的，就是三句话，传“为人之道”，授“为学之方”，解“偏僻之惑”。现在的人存在很多问题，比如人们的心理问题。抑郁症是怎么来的？最重要的原因之一就是太注重理想主义的教育了。有的人碰到现实中不那么理想的状况，想不明白，想不通，人就抑郁了。还有科学教育，什么事都要问个底朝天，打破砂锅问到底，但是很多砂锅打不破，很多问题问不到底，人就困惑了。其实现在科学还解决不了一个问题：到底是先有蛋还是先有鸡？哪个科学家能回答？回答不了。然而现在就是这样，总用理想主义去鼓励人，可技术问题越来越多。

过分理想是不好的

记者：我们经常听到人们说，北大的学生都带有一些理想主义的色彩。

楼宇烈：过分理想是不好的。现在北大学生患抑郁症的多得很。北大过去哪有人做心理咨询？原来心理咨询室的门前冷冷清清的，现在拥挤不堪。不管是本科生、研究生，还是博士生，接近50%的人有“空心病”，“空心病”就是没着落。这类学生多得很，在我的课堂上就有。比如，有些学生曾是以地方上的高考“状元”身份考进来的，但到了北大一看，山外有山，人外有人，于是心里就开始失落。

其实也不光是在中国，这是个全世界性的问题。人老是往“外”求，不往内心去看问题，老是在物质上追求，那么有了“心病”，这是必然的结果。

“什么叫学术”是一个大问题

记者：李大钊曾说，只有学术上的建树，才值得“北京大学万万岁”的欢呼。校领导也承认过，北大现在还缺少标志性的成果，缺少大师，您认同吗？

楼宇烈：这还是一个根本的方向性问题。什么叫学术？什么样的学术算学术？你要定义好，不能空洞地讲。学问再高，德行不行能行吗？所以要德才兼备，哪怕他不说话，哪怕他没有什么著作，但是人们也能从他身上确确实实看到榜样的力量。

现在很多评审都是标准化的，但是有很多东西的标准不确定，范围也没界定，要如何去定义呢？我觉得“什么叫学术”是一个大问题。

就北大来讲，用人问题、标准问题、评价问题，有些很不明确，不好说。要有独立的学术，首先要有独立的人格，要不然不可能有。

中文系的学生为什么去国外求学？

记者：记得北大提出了一个培养人才的目标，也是德才兼备。

楼宇烈： 对，这是一个口号。否则，像我这样没有任何出国留学经历的人能够在北大待得住吗？中文系的学生为什么去国外求学？我就不明白，我也不知道他们出去学什么，外国人想弄懂我们的汉语都很难，但是我也不反对有一些学得好的学生出去留学交流。

很多从中国到德国去留学的学生，老师问他们《道德经》是什么，他们都不知道，德国人很惊讶。在德国，对老子、对《道德经》，那是重视得不得了，我们这儿却有很多教师或者学生，竟然不知道。

2017年我在讲中国文化与西方文化的时候，我问大家："莎士比亚有人知道吗？"几乎没有人不知道。我又问："汤显祖有人知道吗？"绝大部分人不知道。我说，这两个人同样是戏剧家，同年去世的，同样都被评为"世界文化名人"。但大家竟然不知道汤显祖，不了解他有没有著名的戏剧、诗文，这是我们教育的一个偏差。我认为，作为中国人，无论如何也不应该不知道汤显祖吧？

有了主体性，才可以跟别人平等地交流

记者： 您为什么那么强调主体性？

楼宇烈： 人只有有了主体性，才能跟别人更好地交流，没有主体性怎么交流？随风倒。

有了主体性，才可以跟别人平等地交流，相互借鉴、吸收。这是人的一种独立人格，并不是自傲。

在整个宇宙中，得一个“人身”不容易

记者：培养这种独立的人格，关键是要做什么?

楼宇烈：首先我们每个人要认识自己，认识自己是一个人。在整个宇宙中，得一个“人身”不容易。佛教里面讲“人身难得”，按照印度文化里面的轮回生命观，有的人可能生出来是一头猪，有的人可能生出来是一只鸟，可是有的人生出来是一个人。“人身难得”，用印度的话来讲，这是几辈子修来的福分，所以人不能跟猪为伍，不能跟狗、鸟为伍，这就是人的主体性问题。

人是通过人格来塑造的，就是要通过各方面的品格来塑造一个人。人类是经过千万年才走到了今天，你不能要求每个人都从开始走起，而是要在前人积累的前提下，继续往前走。所以，学术的重要性就体现在这个地方：就是让我们不要再从一个原始的人甚至从动物开始进化，因为这是一个极其漫长的过程，只要你明白了自己是脱离禽兽的“人”，从而继续发展，这就很好。

成为一个文明的人，就是要靠教育

记者：成为一个脱离禽兽的“人”?

楼宇烈：就是要通过教育，使一个仅有肉体的人慢慢成为一个文明的人，一个脱离野蛮、低级趣味的人。

最近有一个人专门写了文章，和我说孔子是一个文盲，《论语》根

本不是孔子写的，孔子怎么可能写出《论语》来？对这类人，我是不予理睬的，他否定了孔子有什么意义？为什么要否定？

有很多历史都是由后来人写出来的，但是只要他在社会上发挥了实际作用，我们就不能够否认这段历史。通常，在历史上我们把大禹看成一个历史人物，大禹治水是中国的骄傲、中国的标志。大禹治水是根据自然规律来治水的，是很了不起的。但有人一考证，说哪有大禹这个人，说他其实是一条虫。所以这些年，很多事情把我们的文化自信给彻底打垮了，好像中国一无是处、一无所有，这几千年是白过来似的。

还有人说，中国的人种说不定是从非洲来的。我认为这就是胡说。其实在他们看来这是科学思维的结果，科学思维的一个重要特点就是“还原”。我们现在还存在很多“还原”问题，比如说对于佛教的研究，很多研究者回到印度去研究中国佛教，但他不明白佛教传到中国以后其实发生了很大的变化。佛教是和印度有联系，最重要的是，佛教到了中国以后有了发展变化，我们早就把佛教文化看成中国文化的一个主体组成部分。这些年，我反复呼吁，研究中国佛教最大的障碍是“印度化”问题，要“去印度化”才能真正研究中国的佛教。

做一天和尚就应“撞一天钟”

记者：您的观点让人耳目一新。

楼宇烈：在我们的教育里，思维方式非常重要，不同的思维能导致不同的结果。

形容一个人不求上进，大家老是说他“做一天和尚撞一天钟”，但我觉得这是非常积极的话，作为一个和尚，不敲钟干什么去？从这个角度来讲，我们做什么事情就要把它认真做好。很多人恐慌，也就在于“做好”这个理念，身在其位不想尽这个岗位的责任，老想别的事，所以自己痛苦，社会也受害。

如果每个人都能恪守本分，做好自己的事情，拿中国老话讲，每个人如果都“尽伦尽职”的话，这个社会就和谐、有序了。同样一句话，思维方式一变，它的意思就完全不一样了。

“衣来伸手，饭来张口”新解

记者：细细想，您说的真有道理。

楼宇烈：再举个例子，**人们形容一个人太懒了，就说他“衣来伸手，饭来张口”。这句话，我觉得必须是有最高修炼境界的人才能达到的。**不去跟别人攀比，不去计较给我吃什么、穿什么，能平等地看待一切问题，也不跟别人攀比为什么他吃那么好我吃这么差，从而起嫉妒心，起仇恨心，甚至起争夺心理——“我要把东西抢来吃多好”。能够达到这种修炼境界是不容易的。佛教要求达到的境界就是无分别心，有平等心，这不就是最高的境界吗？没有几个人能达到。从这个角度来解答这些俗语，意义就不同了，所以说思维方式很重要。

要搞通识教育，培养通才

记者：100多年前的《京师大学堂章程》里，就提出了“端正趋向，造就通才”，您怎么看?

楼宇烈：当时的京师大学堂是一个新的学堂，跟传统的教育模式不一样，但是它的理念还是继承了传统教育的模式，跟传统文化有关系。传统文化不分科，是综合性的文化，科学发展以后，讲究专业化的东西，才有了分科。但专业化也有很大的局限性，让我们学了这个不懂那个，学了那个不懂这个，而且专业分得越来越细后，学生们不懂得变通、不懂得沟通，这就是问题。

这件事情发展到今天，已经变成一个非常突出的问题。碰到这个问题，以前也有相应的策略，就是当年提出发展交叉性学科。我拿一个例子来讲，宗教系从哲学系里分出来以后，宗教离不开艺术，于是就设宗教艺术学。可宗教学离得开人类学吗？离不开，那就设宗教人类学。可宗教也离不开社会，那就设宗教社会学。宗教离不开哲学，那就再设宗教哲学……最后，交叉学科越来越多。这说明一个什么问题？说明人类的认识是一个整体，不应该隔离，最重要的是你可以具体研究某一个方面，但是你要把握整体，用整体去统摄，才能全部研究“通”。我们的学科现在分得太细了，所以要搞通识教育。

其实这个问题在清华也很突出，为什么大家老是很怀念当年的西南联大？因为现在培养的人才是偏才，缺少通才。人们看问题越来越偏、越来越窄，越来越不相互交流、相互沟通，现在的情况就是这样。

智慧才是力量：你能够运用知识才是有力量的

记者： 您认可通识教育吗？

楼宇烈： 通识教育是一个补充。从观念上来看，不应该走分科学习、越分越细的道路，我们要重新整合，进行整体教育。其实我们现在只是做一个技术培训而已，不是思想教育，不是智慧教育。过去培根有句口号“知识就是力量”，但现在我们不能把知识当作力量，我认为智慧才是力量。

十多年前，四川地震的时候，有人采访我就讲到这个问题。我说，我刚进北大的时候，大家都信知识就是力量，所以来北大就是学知识、装知识的。**学到最后，越来越发现知识不是力量，知识是一个僵化的东西，你能够运用知识才是有力量的。**知识和智慧之间，一个是静态的，一个是动态的。智慧，是发现知识、掌握知识、运用知识的能力。

宰相就是一个“大厨师”

记者： 怎么让知识变智慧？

楼宇烈： 所以我说，要教“为学之方”，不是只教传统意义上的知识。要通过智慧达到对知识的融会贯通。宋代大文豪苏轼曾经讲过一句话：“物一理也，通其意则无适而不可。分科而医，医之衰也。”（《东坡题跋·跋君谟飞白》）。我们现在就缺乏这个。学政府管理，只能到政府部门去；学经济关系，就只能到企业里面去；学医学，就好比学“人体管理”,“人体管理”现在也被拆得四分五裂的。其实你懂得了“人体管理”，你可能就懂得企业管理，同样也会懂得政府管理。

古代说宰相就是一个“大厨师”，他得懂做饭。为什么？做饭要配备恰当，菜才能好吃。宰相可以治国，懂得治国的道理，所以宰相就好比一个“大厨师”。可是，我们现在把二者全给分开了。

随着时代的变化而变化

记者：北京大学走过的120年历程，是否折射出了中华民族走向现代化的历程？

楼宇烈：北大的变化，就是随着时代的变化而变化。我们要坚持一贯坚持的东西，又要能随着时代的变化而变化。

记者：您觉得120年来，北大有没有不变的东西？

楼宇烈：那就是刚才讲的“兼容并包、学术自由”。很多东西，到别的大学，你也许听不懂，但是在这里是可以的。

记者：加强学术的独立性？

楼宇烈：“兼容并包、学术自由”是最重要的，这样大家真正能为社会做出贡献。

记者：“兼容并包”被写到北大新的章程里面了。

楼宇烈：北大到现在还没有一个固定的校训。

记者：为什么？大家不认同吗？

楼宇烈：我也不知道。这个问题把我问倒了，我还真不清楚。

记者：您觉得在哲学、宗教方面，北大有没有比较创新的成果？

楼宇烈：没有太注意到。但是也存在一个认同的问题。

30年都处在动荡之中，怎么能真正出大师？

记者：再就是人才的问题。到底这个人是不是人才、是不是大师？后代看我们这一代人的时候，会觉得这里产生了很多很多大师。

楼宇烈：我们现在说的大师，都不是新中国成立以后涌现出来的。我们怀念之前的那些大师。

像我们这一代，**30年都处在动荡之中，怎么能真正出大师？跟很多前辈比起来，我们的学术功底很欠缺。**现在的年轻人就更可怜，天天被任务压着，还要出这个成果，出那个成果，哪有一辈子就研究一个问题、一辈子就搞一个道理的？其实我们把某个问题搞通了就不错了。

我们的评价体系也是有问题的。我去日本时，发现日本能把古典的东西整理好、注册好。这样的学术是很扎实的，功底是比较深的。我们过去整理中国古籍不算作学术成果，后来大学里面设立了古典文学专业，才开始培养整理古籍的人才。如果他们把古籍整理出来，但不算是学术成果，怎么办？因为我兼任全国古籍整理规划小组成员，也是高校国际古籍整理委员会成员，我们后来专门给这些教古典文学的教师制定了一个条例。在这个专业里，教师们整理了古籍就算是学术成果，这样才能够让他们评上职称。

人只有尝了百味，才能够明白一些道理

楼宇烈：这样的工作，现在很难让人去做，但我们是踏踏实实在做的。比如写文章，明白这个话可以引，不明白就不引。但整理古籍，是一句话都不能漏的，一个字都不能漏的。我们与日本的学术标准不同，我们好像把整理古籍的工作看得比较低。所以评价体制不一样，人们心中的认识就不一样。

记者：那天我们采访北京大学国家发展研究院姚洋教授的时候，他说，现在物质也很充足，北大的学术环境也很自由，各种不同的学科可以交叉碰撞，也许这是一个非常好的可以产生新思想的时代。尤其和您上学时候的动荡年代来比。

楼宇烈：可以说，现在年轻人所拥有的条件比我们那时候要好得多。虽然我们那时候在物质条件上有欠缺，但是我从来不去埋怨，我觉得这也是人生中最大的经历，对自己做学问都是有作用的，有意义的。

人只有尝了百味，才能够明白一些道理，才能够真正做出学问来。所以人不仅要读有文字的书，还要读生活这本书。生活是一本“活”的书，书本是“死”的书。所以我曾经讲过，**不能死读书、读死书、读书死，而要活读书、读活书、读书活。**

还是要看历史的检验

记者：您可以算大师吗？

楼宇烈：不能算。

记者：北大现在有可以称得上“大师”这个名号的人吗？

楼宇烈：我觉得好像还没有吧，但我们期待未来。

记者：您心中的大师必须有真才实学？

楼宇烈：要有真才实学，同时品德也要高尚。

记者：我记得中华民国刚刚成立的时候，有一大批大师。

楼宇烈：我们北大网罗了很多人。蔡元培把熊十力请来了，把梁启超请来了，这些人都是网罗来的。

记者：他们写了很多著作，包括您的著作也都是以填补空白这种形式来呈现的，这种能算创新吗？

楼宇烈：我觉得还是要看历史的检验，因为有些东西并不一定是短期内就能看出来的，还存在一个评价的问题。

记者：谢谢楼老师，您现在还带多少个博士生？

楼宇烈：博士生现在还有13个。

把做学问看作自己的生命所在

——与北京大学哲学系教授、著名美学家叶朗面对面

导言

一生专注一件事

专业的提问，总是力求通过精心设计的问题引导被访对象说出相关信息，然而，这样的方法在叶朗先生身上似乎不那么奏效。

面对面时，他会要求我们先把问题一股脑儿给他说一遍，好心里有数。接着他再按照自己的逻辑娓娓道来，即便面对面的过程中，我们多次尝试打断和引导他按照事先设计的主题来，他还是会说着说着又回到自己的逻辑中，继续谈他一生都在致力为之的美育。

1938年出生的叶朗是浙江衢州人，北大哲学系教授，曾任北大哲学系主任，兼任宗教学系、艺术学系主任；同时兼任国务院学位委员会哲学学科评议组召集人、教育部高等学校哲学学科教学指导委员会主任委员、中华美学学会副会长兼高校美学研究会会长、北京市哲学会会长、全国政协常委。出版《中国小说美学》《中国美学史大纲》《胸中之竹——走向现代之中国美学》《欲罢不能》《燕南园海棠依旧》《更高的精神追求》《美学原理》《美在意象》等著作，主编《中国历代美学文库》《美学的双峰——朱光潜、宗白华与中国现代美学》等著作，与朱良志合著《中国文化读本》。

从美术教育到美育决策，再到美育普及，他把三个时期的事情比作“同心圆”，半径不断增长，圆心却始终如一。生命广度不断延伸，生命的初心却始终如一。

这是多么美妙的事情，又是多么难能可贵的事情。在今天这个丰富多彩的社会里，我们不缺尝试做多种事情的可能和机会，缺的是一生只做一件事的专注和信仰。

多而不精，浅尝辄止，往往让人变得浮躁、迷茫，缺乏人生的质感，而专注关心一件事，会因机遇改变而拓展和延伸事物的深度和广度，也会延伸人生的深度和广度，让人的生命更有质感，更值得回味。

叶朗先生给人的印象就是如此。他“固执”地对自己的三个“同心圆”滔滔不绝，大抵有更多的人生回味在里面。外来人不一定能完全理解他的感受和体会，但是听完他的讲述，能因视角不同而收获多维的启发，这不限于美育，更多的是关于“经营人生”的启发。

晚上的课，学生都是下午就来占座位

记者：您说过，在北大讲课是一种享受。

叶朗：是的，在北大讲课是一种享受。在20世纪80年代时，我在北大开了一门课，叫“中国小说美学”，20世纪90年代又开了一门课，叫“中国美学和中国艺术”，这两门课在当时都非常受欢迎。受欢迎是因为20世纪80年代刚刚改革开放，大家都有一种文化追求。我讲中国小说美学，是晚上的课，学生都是下午就来占座位，晚上打了饭到教室吃，因为要占座位。

记者：多大的教室？

叶朗：当时是在老二教最大的一个教室，大概能容纳三四百人吧！

记者：阶梯教室？

叶朗：对。阶梯教室，最大的。最奇特的是有一次我去上课，去了以后，发现讲台里边坐了两个学生，我真是非常感动。

学生送水仙花：一直送了十几年、二十几年

叶朗：北大的本科生特别优秀，老师讲课讲得好，同学们反应非常快，课堂的气氛就会越来越热烈。老师讲课因为有这种气氛，灵感自动都出来了，确实是越讲越起劲！

我讲中国小说美学，当时另外一个学校也请我去讲，同样的课，气氛就不一样。那儿的学生反应比北大学生慢半拍，我在北大讲一句话，

学生马上就笑了，但在那所学校讲，学生要想一想，然后再笑。所以，我当时在北大上课感觉特别好！

我有一次在中南海开会，出来的时候等车，有一个中央机关的领导说：“叶老师，我是北大的学生谁谁谁。”他报他的名字，我说我知道，他当时已经很有名了。他说：“叶老师，当初我听您的中国小说美学，听课笔记现在还保存着呢！”

记者：保存这么多年？

叶朗：是的。还有一次在东北开会，也有一位别的大学的老师说：“叶老师，我当初听您讲的中国小说美学做的笔记还保存着呢。”当时，我讲“中国美学和中国艺术”课的时候，全校很多人来听我的课，我还记得有个东语系的女生，课下问过我问题，后来就不断给我送水仙花。她是漳州人，送的是福建漳州的水仙花，每年到了时候就送。后来我估摸着这个学生肯定要毕业了，就请办公室的同志问一下她现在的工作单位，结果办公室的人心不在焉，给忘了。后来有一年终于问到了，才知道这个学生早就毕业了，而且在国外工作。她的水仙花后来都是让家里人给我送的，她家里人又是通过她的同学，一直送了十几年、二十几年，前两年还在送。

记者：是每年教师节吗？

叶朗：不是，就在水仙花开花的时候。

记者：是送到您的办公室？

叶朗：送到哲学系的办公室。二十几年了，一直没有中断，而且这个学生已经不在国内了，她已经到国外了。我举这么一个例子，就是想告诉你们，在北大讲课是一种享受，是一种幸福，可能不光是我一个人有这样的体会。

年轻学者、老学者都把做学问当作自己的生命所在、人生意义的所在

记者：很多从北大毕业的学生都说，你只要在北大当过学生，那你的身上一辈子都会打上北大的烙印，是始终抹不掉的！

叶朗：我觉得是这样的。**在北大的环境和氛围的影响下，年轻学者也好，年长学者也罢，都把做学问作为自己的生命所在。**我可以举几个例子。

记者：什么例子？

叶朗：1958年，我们请了人民公社的一位主任来做报告。他讲什么呢？他讲高级社有很多矛盾不能解决，所以必须建立人民公社。他做报告论证建立人民公社的必然性，内容很丰富、很生动。北京市有位领导同志也参加了这个报告会，他讲话时说："你们看，现在的哲学家就像人民公社的这位主任，而不是书斋里的学者，因为什么呢？因为他能分析矛盾、解决矛盾。"他讲了以后，当时听的人都觉得讲得很对。冯友兰冯先生也参加了这个报告会，他也说，这位公社主任讲得很好，现在的哲学家就应该是像他这样的人民公社主任。但是，像哲学史、逻辑学这些东西还得有人搞，我们这些人就可以来做这些东西，但是我们不

能称为哲学家，我们可以称为哲学工作者。

当时这个话一传出去，有人就说，你看，像冯友兰这样的资产阶级学者，还是不愿意退出历史舞台呀！哲学家当不了，他要当哲学工作者！现在看来，像冯友兰这样的学者，做学问是他的生命所在，不做学问，人生就没有意义了。

记者：这个很有意思。

叶朗：还有一个故事更精彩，当时历史系有一位研究生，被打成右派了，不能分配工作，就留在学校里。留在学校里也不能教学，就干些打杂的事。那时候要下乡劳动，每个系要分配下乡劳动的任务。历史系的人跟我说，他白天劳动，晚上做研究，研究中国古代的服饰史和车马史，用很工整的小楷写，一本一本，都达到了完全可以拿去出版的水平。这个还不算，最奇特的是什么呢？当他发现要给他摘右派帽子的时候，他就找了一个由头在系里大吵大闹，为什么大吵大闹？大吵大闹就说明他表现不好，这样就可以不给他摘帽子了。因为当时不像现在有互联网，当时他研究的资料都在北京，一旦摘了帽子就要分配工作了，如果被分配到外地去，就做不了研究了。所以他为了能继续做研究，他愿意戴着右派的帽子。大家知道，戴右派帽子是很难受的，可他为了继续做研究，宁愿如此，这是非常特殊的！当然这个人现在已经是历史界很有名的学者了。

举这些例子只想说明，在北大，年轻学者、老学者都把做学问当作自己的生命所在、人生意义的所在。我认为这是北大的一个传统，是一个很好的传统。我自己也是这样，进北大以后就想做学问，做一个专家，当时就是这么想的。

一个人的人生境界、精神境界体现在各个方面

记者：叶先生，我记得您讲过，改革开放以后，在20世纪80年代初，朱光潜先生只用了短短两三年时间就整理出了大部头著作。

叶朗：是的。我讲人生境界的问题，经常举这个例子，就是说一个人的人生境界、精神境界体现在各个方面。一个是在日常生活和衣食住行里，就能体现出一个人的人生境界。**巴尔扎克说，看一个人拿拐杖的姿势就可以知道这个人是一个什么人，他的人品、性格都可以表现出来**。而一个人说话、吃饭、走路，就更可以看出他的性格。另外，就是一个人的工作、事业，也能体现他的人生境界。

当年周恩来总理说过，像黑格尔《美学》这样的书，只有朱光潜朱先生来翻译才能够胜任。为什么？因为它涉及的西方哲学和文学艺术的面太广，如果不能全面了解就翻译不出来。**现在我们有些人翻译西方的东西，没有足够的西方知识，因此很难翻译出来**。所以周恩来的话是很对的。

朱光潜先生西方语言很好，中文也很好。我现在知道，**翻译要搞得好，不仅要懂得外文，中文也要好**。德国有个汉学家叫顾彬，他跟我说，翻译中国的文学作品、哲学作品，原来的东德学者比西德学者翻译得要好，他自己是西德的。我说，这是什么道理啊？他说，原来的东德学者

的德文修养比西德学者好，西德有些学者对过去的德国批判得很厉害，所以连德国的语言他们也不好好学了。而东德没有这样的，东德的学者依然学，所以东德的人语言修养好。翻译者的本国文字修养很重要，朱光潜先生就是中文修养好。朱光潜先生是安徽桐城人，与桐城派之间有着千丝万缕的学理关系，所以他的文字特别清爽。朱光潜先生还有个优点，就是翻译要做到尽量让人懂。不像我们现在有的人，写文章是尽量让人不懂，自以为写的文章让人不懂，就说明自己水平高。

朱光潜先生80岁高龄，还有一种惊人的生命力和创造力

记者：朱光潜先生是您的老师，对吧？

叶朗：是。朱光潜先生写书，如果感觉到某一段文字读者可能看不懂，他就在下面加一个“注”，告诉读者这段话是什么意思，这是一种很好的文风。所以我跟北大的老同学说，写文章一定要写得明白通畅，不要写得让人看不懂，自己也看不懂。这种文风是极坏的文风，我们一定不要沾染坏的风气。

朱先生翻译黑格尔的《美学》共两大卷三大本，又翻译了《歌德谈话录》，还翻译了莱辛的《拉奥孔》。莱辛的《拉奥孔》也是一本很著名的美学著作。莱辛是德国美学家，《拉奥孔》是讲诗和画的区分，加在一起大概150万字吧。朱先生大约用了三年时间来翻译！要知道那个时候，朱先生已经是80岁高龄了，当时还能显示出惊人的生命力和创造力，这就是一种人生境界的体现。

所以朱先生去世的时候，我写了一篇文章悼念他，引用了小学时候看到的丰子恺的一幅画。画上一棵大树被拦腰砍断，树干上依旧能萌发出很多枝条。画上题了一首诗，四句话，这是我小学时候看的，一直记得很清楚："大树被斩伐，生机并不息。春来怒抽条，气象何蓬勃。"用这幅画、这首诗，作为朱光潜朱先生的人生境界、生命力和创造力的象征，我以为很合适。

古人所谓"乐道"，就是一种精神的享受

记者： 叶老，是不是您最近几年也做了几个大的基础性工程项目？

叶朗： 对。

记者： 是不是也是从老师身上汲取了力量？

叶朗： 那当然了。我接下来讲冯友兰先生。冯先生90岁时还在写《中国哲学史新编》。冯先生当时眼睛不行了，耳朵也不行了，他写这本书是通过口述，让别人记录下来，再念给他听，而后修改。有同学采访他，冯先生就说："我现在眼睛不行了，不能看新书，不能找新资料，但是我可以对过去看过的书做出新的理解。"这是很重要的。冯先生说："我对过去读过的书重新思考，不仅其味无穷，其乐也无穷。古人所谓的'乐道'大概就是这个意思吧。""乐道"就是精神的享受、精神的愉悦，就是从古人的思想理论里得到一种享受、一种愉悦。

“欲罢不能”就是对中华文化和人类文明的一种献身精神

记者：叶老师，您有本书叫《欲罢不能》是吗？

叶朗：是的，冯友兰先生说过一段话，人类的文明好像一笼真火，几千年不灭地在燃烧。为什么不灭呢？就是因为古往今来对人类文明有贡献的人，思想家、文学家、艺术家、科学家等，都是呕心沥血把自己的脑汁作为燃料添加进去，这样它才不灭。冯先生说，这是“欲罢不能”，就像一条蚕，它既生而为蚕，就只有一直吐丝。春蚕到死丝方尽嘛！这是“蚕”的“欲罢不能”。

我认为，**“欲罢不能”这个词太好了！这就是北大的人文精神。“欲罢不能”就是对中华文化和人类文明的一种献身精神，就是对个体生命有限存在的超越。因为个体的生命都是有限的，意义也是有限的，超越就是对一种更有意义、更有价值的人生的不懈追求，这是人生境界的体现。**

所以我一直跟北大的同学说，冯先生所说的“欲罢不能”这四个字可以代表我们北大的人文传统、人文精神。我那本书的书名叫《欲罢不能》，就是想表达这个意思。我们北大美学中心的办公室原来是周培源先生的住宅，对面是冯友兰先生的住宅，他的隔壁是汤用彤先生的住宅，翦伯赞先生和朱光潜先生原来也住那儿。语言学家王力先生的住宅也在我们隔壁，现在工学院在那所房子办公。所以说燕南园住的都是些大学者，我认为北大人文积淀最浓厚的地方是燕南园。

美学沙龙体现文理交融

记者： 不是未名湖？

叶朗： 未名湖是一个湖，风光很好，但是燕南园这个地方更有人文底蕴。我在燕南园举办“美学沙龙”，就是为了继承北大这种人文传统。美学沙龙体现了文理交融，就是说人文科学和自然科学的交融。北大和清华有很多科学家、院士，我请一些著名的科学家来，也请一些著名的艺术家来，讨论的问题都是一些大家感兴趣的学术问题。

比如，我们举办过一次博物学沙龙，请了我们生命科学院的吕植教授，请她来讲野生大熊猫的保护，还有雪豹的保护。还请了一个影像生物多样性调查所的一位年轻的摄影师。他们发现了一些稀有动植物后就把它们拍下来，这既是一种艺术，同时也有科学价值，因为发现的有些动植物，在学术界都认为已经消亡了，结果被他们在大自然中发现了。

还请了哲学系研究科学哲学的刘华生教授来讲俄裔作家纳博科夫，也就是《洛丽塔》作者的故事。这位俄裔作家虽然是文学家，但是他在蝴蝶分类上也有新的成就，这个很不容易。刘华生先生说，他身上体现了一种高贵的气质。我们还举办过一次沙龙叫“美感的神圣性”，请北大哲学系的张世英先生和清华的杨振宁先生主讲。

今天讲美的神圣性不是指向上帝，而是指向人生的

记者：张世英先生好像已经90多岁了。

叶朗：是的，前几天张先生还在写文章、做报告。他做报告可以讲三四十分钟，不看讲稿，却讲得非常清楚。他在做报告时说，这个问题先放下，先讲讲别的，然后讲着讲着又回到刚才那个问题上，并不是讲着讲着就忘记了，要知道他都96岁了。

“美感的神圣性”就是张世英先生前两年提出来的。西方中世纪基督教美学家讲，美的神圣性是指向上帝的，因为他们认为美是上帝创造的。但我们今天讲，**美的神圣性不是指向上帝，而是指向人生的。我们认为人生有一种神圣的价值，我们要去追求这种人生的神圣价值。**

我们请他来，也请杨振宁先生来。杨先生也96岁了。他讲，科学也有美的神圣性。从牛顿的方程到爱因斯坦的方程，都可以获得一种美感、一种庄严感、一种初窥宇宙奥秘的畏惧感，就像宗教信徒在哥特式

教堂里的体验一样。

记者：叶先生，请问一下，沙龙现在举办多少次了？

叶朗：20多次了，每次都是二三十个人，有些人我们会重复邀请。而那次参加“美感的神圣性”沙龙活动的人比较多。

美学：给宗白华先生整理了一份讲稿

记者：朱光潜先生和宗白华先生都是您的老师，他们是同一年出生同一年走的吗？

叶朗：是的。

记者：那您现在是燕园里面新一代美学的领航人了？

叶朗：不能这么说。20世纪50年代我们就成立了美学教研室，我是1960年毕业留在北大的，就一直在美学教研室里。当时宗白华宗先生在系里开了美学课，讲关于中国美学史的专题。当时系里面就让我当他的助教。他第一个学期在哲学系讲，第二个学期在中文系讲。到第二个学期讲的时候，系里希望他写一个提纲，宗先生对我说：“那你就给我写一个吧！”他没有讲稿，就在一个笔记本上写了很多大字，印了很少的一点资料。我就根据我的笔记，再去找一些资料，给他整理了一个提纲。他看了以后，一个字都不改就印出来，然后发给中文系的学生。后来改革开放后，人家向他要文章，他就把这文章拿出去发表，这就是《中国美学史中若干重要问题的探索》，是他的文集里最长的一篇文章。

老一辈学者也好，年轻学者也好，有一种强烈的学术渴望

记者：蔡元培当校长之后，北大改变了过去那种做官思想，特别重视您说的求真知的理念。走上现代大学的道路，北大几乎是大师云集、大作家云集，燕南园就见证了这些大师的存在和他们当时的风采。您在办沙龙时，有没有感觉到大师们精神上的召唤？或者说，他们的精神有没有渗透到您身上？

叶朗：那当然了！我觉得**北大的精神、蔡元培的精神在北大老一辈学者身上、年轻学者身上都有体现。在他们身上有一种强烈的学术渴望、学术热情、学术追求，把学术研究看作自己精神的依托、生命的核心，把做学问看作自己的生命所在。**

现在关键是要有中国色彩

记者：北大现在优秀学者多吗？

叶朗：如果说名声，可能不如当年西南联大那批学者那么大。那时候一批学者都集中在一个地方，是历史环境决定的，但现在跟那个时候不一样了。现在我们全国有多少大学？不可能像西南联大那样都集中在一个地方，对不对？

所以我觉得，虽然历史环境不一样了，但是精神上还是一脉相承的。就我个人来讲，我在北大的60年始终坚持三个“同心圆”。第一个“同心圆”，是我自己的美学研究和艺术研究，就是立足中国文化，在美

学和艺术学理论的核心区进行新的创造，构建具有中国色彩的理论体系。像我从事的专业——美学和艺术学，现在关键是要让这些带上中国色彩。

我回顾一下，在20世纪60年代的时候，当时中央组织编写一批文科教材，周恩来总理让周扬负责，当时编了一批书，很多到现在还在用。当时已经有中西论战了，周扬就提出编书不能全抄苏联的，要有中国的东西，实际上这一点在当时并没有做到。当时所谓“中国的东西”仅仅是在书里引用了几段中国人的话。我认为，要真正有中国色彩，必须在理论的核心区有中国的创造。

推动学校进一步重视美学、艺术学以及整个人文科学的建设

记者：第二个“同心圆”是什么？

叶朗：第二个“同心圆”，是北大的人文教育。我关心整个北大的人文教育，我会参与推动学校进一步重视美学、艺术学以及整个人文科学的建设。我是在哲学系任教，后来我们成立了宗教学系，又成立了艺术学系、艺术学院，这个过程很不容易。

成立宗教学系很不容易，因为当时很多人不理解，为什么要成立宗教学系？我们要研究宗教，不研究宗教，中国文学史就搞不了，不研究宗教，西方哲学史也搞不了，所以要研究宗教。

另外，建立艺术学院，也很不容易。

引导大学生不断提升自己的精神世界

记者：那第三个“同心圆”呢？

叶朗：第三个“同心圆”，就是不光在北大，而且要在全国范围内参与推动大中小学和整个社会重视美育和人文的教育，参与推动全社会重视中国传统艺术研究和人文科学研究。

这三个“同心圆”有一个共同的圆心，就是传承和弘扬蔡元培开创的北大优良传统。**北大有很多传统，其中一个传统是重视美学和艺术学的学科建设，重视在高等学校和全社会开展美育、艺术教育和人文教育，引导大学生不断提升自己的精神世界，去追求一种更有意义、更有价值、更有情趣的人生。**

干事的核心是什么？就是传承蔡元培的传统

记者：叶先生，您还觉得做得不够？

叶朗：我进入北大60年，特别是改革开放40多年来我自己的所作所为，核心就是这三个“同心圆”。我们要不断地做，蔡元培开创的这个传统和精神不能中断。这些年以来，我在这一点上很自觉，不管是研究，还是我在北大所做的一切、在社会上所做的一切，都在围绕着这个中心来做。还有我们最近开的网络课程，核心都是这个东西。对于这一点我是很明确的、很自觉的。季羡林先生有一次对中文系一个老师说，叶朗是为北大干事的，而有的人是专门吃北大的。当然，这是季先生对我的过誉之词。确实，我是为北大干事的，60年来都在干。干事的核心是什么？就是传承蔡元培的人文传统，重视美育、重视艺术的传统。

当然，北大还有别的传统，不是只有这个传统，但这个传统也是北大一个很宝贵的传统，我们要把它继承下来。

中国传统美学和中国传统艺术理论的巨型资料库

记者： 能否再说说您主编的几套巨著？

叶朗： 主要是《中国历代美学文库》。我在1990年邀请、组织了全国30多所大学的150位专家，花了12年的时间编了一套《中国历代美学文库》。共10卷19册1100万字，2003年出版。这是中国传统美学和中国传统艺术理论的巨型资料库，是一个大工程，组织起来非常花工夫。

网络课程可以体现教育公平

记者： 你们为什么要开那个网络课程呀？是为了让更多学生能上课吗？

叶朗： 当然是。网络课程主要就是能体现教育公平。西部地区的师资有限，很多课听不到，东部像北京、上海等地方，大学比较集中，优质教学资源比较集中。西部地区的学生很多课听不到，而网络课程就可以解决这个问题。举个例子，我在北大讲课，500人的教室是最大的教室了，能有500人来听我讲课就很了不起了。可是网络课程呢？我们现在开了一个系列课程，一共五门课：第一门是“审美和艺术”，第二门是“昆曲”，第三门是“伟大的《红楼梦》”，第四门是“敦煌的艺术”，第五门是“世界大博物馆的艺术”。这些课不光是北大的老师讲，还请了外面的老师来讲。比如说《红楼梦》，第一讲是请王蒙来讲的，因为王蒙也在研究《红楼梦》，还请了一些红学家。讲敦煌，我们就请樊锦诗等敦煌研究院的一大批学者来讲。

记者：那大概有多少老师？

叶朗：几十人。在那个叫“智慧树”的网站上。我们跟这个网站合作，是教育部引领的，北大来做，是一种新的教学模式，已经做了四五年了。现在已经有1240个学校选“审美和艺术”这门课，有33万名学员；选“昆曲”课的有200个学校，14万名学员；选“敦煌的艺术”有400个学校，12万名学员；选“伟大的《红楼梦》”有将近400个学校。你说这个覆盖面有多大！这就是教育公平。

网络课程是一个新生事物

记者：您是说有1240个学校选“审美和艺术”课，总学员数是33万？

叶朗：是的，选这个课的，有这么多人，他们来自全国的大学。这是面向大学生的课，是通识课。

当年林建华校长牵头成立一个东西部教学资源共享联盟，“智慧树”网站跟共享联盟合作，通过这个共享联盟来推广这门课，效果非常好！现在中央也很重视网络课程，这体现了教育公平，实现了优质教学资源共享，西部地区的学生也可以听这门课。我觉得非常好！原本我对此没有体会，教育部体卫艺司第一次让我来做这件事的时候，我很忙，后来当我做了以后，才发现很有意义。其实通过一比较你就可以知道了，在网络上有几万人、几十万人选你的课，而你在北大一个课堂最多也就500人来听你的课，这种变化是了不起的！这确实是一个新生事物。

北大十分重视传承中华优秀传统文化

记者：我们注意到，您多次谈到了“大学使命”的问题。您能否给我们讲讲，像北京大学这样一个拥有120年历史的学府，在这个时代的历史使命是什么？它应该培养什么样的人？

叶朗：我认为北大作为一个大学，不仅有教育的功能，而且有文化的功能。北大在中国历史上有独特的贡献和重要的地位，因为北大是一所在国内首先引进西方民主与科学、马克思主义的学校。

还有一个方面，就是北大十分重视传承中华优秀传统文化，高举精神旗帜，弘扬中国精神，推动传统的文化创造性转化和创新性发展。这个我们过去讲得不够，现在我们应该强调一下。习近平总书记到北大视察时强调，我们要创办的世界一流大学是中国的世界一流大学，前面加了“中国的”这个定语。他还讲了，世界上不会有什么第二所哈佛，可以有第一所北大。我觉得“第一所北大”这个提法非常好，是对我们思想的一种解放。

过去常有人说，西方怎么做、哈佛怎么做。哈佛我们当然要学习，牛津、剑桥我们都要学习，但是中国要有中国的特色，要有自己的文化。在中国办大学，还是要为中国服务，哈佛是为美国服务的。可能有人不同意这个说法，说哈佛怎么是为美国服务，它里边也有中国学生。是的，哈佛是有中国的学生，但是哈佛还是为美国服务的。我们中国也有外国学生，但是我们中国的大学在为世界服务的同时，主要还是为中国服务，这个目标很明确。我们中国13亿多人口，国情跟美国是不一样的，美国没有13亿多人口的问题，所以我们很多东西跟美国是不完全一样的，不能说美国做我们就跟着做。我们当然要向它学习，但是中国得有自己的特色，中国的文化我们要传承。

北大只有两种人，一种是看过《牡丹亭》的，第二种是没有看过的

记者：具体怎么传承？

叶朗：大学有很多功能，传承中国文化是其中之一。青春版《牡丹亭》进大学演出时，首演是在北大，这是十多年前的事了，当时白先勇非常高兴。在北大演出的成功，使他在别的大学演出就有了信心。十多年以前那次我去看了，百年大讲堂都坐满了。大讲堂也会演一些其他的东西，但是演完以后，气氛从来没有像演《牡丹亭》那么热烈，《牡丹亭》演完以后大家涌到前面去鼓掌、拍照。**当时有两句经典的话流传。第一句，就是说，现在北大只有两种人，一种是看过《牡丹亭》的，第二种是没有看过的。第二句更经典，就是说《牡丹亭》美得使人窒息，我恨不得“死”在戏里面不出来了。**这些都是当时同学看了以后说的，

说明我们的大学生和《牡丹亭》这样的中国传统艺术经典在血脉上是相通的。

“接着讲”不是“照着讲”，“接着讲”是创造

记者：除了传承，还有创新？

叶朗：当然是。

记者：结合您的体会，经过120年后，北大现在是不是具备了前所未有的创新条件？

叶朗：对。

记者：网络课程就是一个创新。

叶朗：冯友兰先生当年写《中国哲学史新编》的时候，也就是他当年在西南联大研究中国哲学史的时候就想要有所创新。他说搞哲学史是把过去的东西写出来，但现在我不光是讲过去，还得有自己的创造，所以冯先生有一个说法，就是“照着讲”和“接着讲”。哲学史是“照着讲”，康德怎么讲的，我就照着讲。但作为哲学家，不能光是“照着讲”，**还要有新的创造，就叫“接着讲”。“接着讲”不是“照着讲”，“接着讲”是创造，“接着讲”是发展，“接着讲”是飞跃。**

冯友兰先生就是这样做的，我也一再强调我们要“接着讲”。“接着讲”有两个意义：第一个意义就是你不能抛弃传统。人文科学和自然科学不一样，人文科学一定要“接着讲”。自然科学你讲最新的就可以了，物理学就讲最新的，牛顿可以不读，读最新的就可以。可是人文科学不

行，你必须从老子、孔子开始读起，无论什么时候都不能抛弃。

“接着讲”，一是继承，也要有新的发展，所以我一直讲要“接着讲”。我写《美在意象》这本书就有这种追求，就是要有带中国色彩的理论，在理论的核心区域里要创造中国的东西，提炼中国的概念，这就是“接着讲”，就是创造性的转化。

传承中华优秀传统文化是大学重要的历史使命

记者：这是北大的传统？

叶朗：传承中华优秀传统文化是所有大学重要的历史使命，我们要下功夫去研究和阐释中国优秀传统文化，要讲清楚。中国文化在那儿摆着，但是我们并没有讲清楚，这是不行的。这方面北大过去有贡献，从汤用彤、胡适、冯友兰、熊十力、张戴林到张世英都是。包括对《红楼梦》的研究，北大也是中心。我们现在继承这个传统，成立了美学中心、昆曲中心、曹雪芹研究中心，出版了《中国历代美学文库》等。

我们要开设传承中华优秀传统文化课程。现在是互联网时代，我们不仅要开网络课程，还要写一些普及读物。我们编写的《中国文化读本》就是普及读物，此书现在已经有八种外文版本了，对英国、德国、法国、俄罗斯、西班牙、日本、韩国等影响都很大。

在美学、艺术学理论的核心区，要有新的理论创造

叶朗：要在传承发展传统文化的基础上进行创造性的转化、创新性

的发展，就是要“接着讲”。

我的体会是，**要“接着讲”，要体现中国眼光、中国立场、中国精神、中国特色。最重要的是要求我们在美学、艺术学理论的核心区要有新的理论创造，**要从大量的历史资料中提炼出具有强大包蕴性的概念和命题，形成一个稳定的理论核心，这个是关键，这是创造性的转化。

创立学派，需要长期做

记者：您刚才提出的那些观点、理念，您觉得现在具备足够的底气和条件吗？

叶朗：这要看每个人的条件。我这里提到还要创立学派的问题，张世英先生也提出要创立学派，但创立学派不是一个人的问题，也不是一年两年的问题，需要长期做。

记者：什么样的学派？

叶朗：建立中国学派。我是指有些学科，不是指所有的学科。将有传统优势的学科和符合时代要求的学科结合起来，既有传统优势，又有时代要求。比如说美学，我觉得就可以。美学有传统优势，而且有时代要求。同样地，中国哲学我觉得也可以。

大时代必须兼容并包，这个大时代还没走完

——与北京大学燕京学堂院长袁明教授面对面

导 言

做这件事的最大动力，是我觉得还有点儿底气

摄影灯下，昏黄的光影勾勒着她瘦削的脸庞，乌黑的短发微卷，加上黑色的皮夹克和黑色裤子，配印花丝巾，符合我们对优雅的想象。

谁能想到，坐在我们面前的这位女士虽已73岁，却还冲在中国顶尖学府的教育一线，为培养人才鞠躬尽瘁。

她，就是北京大学燕京学堂的第二任“掌门人”袁明。

袁明老师一开口就是“历史”，既是家庭的历史，更是一个民族的历史：她的祖辈，当年和蔡元培等人一起，用肩挑着扁担，从绍兴走向世界探寻救国之路。他们肩上的扁担，一头是铺盖，另一头是书……

2019年4月初，在北京大学燕京学堂第四届“全球青年中国论坛”上，她面对燕京学堂的同学们和百余位燕京学堂外的代表，再次讲起了自己“外婆的故事”：她的外婆，出生成长在19世纪的晚清时期，在14岁时毅然离家寻求接受教育的机会，从而“书写了一个属于自己的、不同的人生……”

“我的外婆给了我力量。”于1962年考入北京大学西语系英语专业学习的袁明，在毕业工作多年后又于1979年考入了北京大学法律系，攻读王铁崖先生的国际法专业研究生，之后留校任教。

“王先生是我的引路人，在学术上我完全追随着他。王先生当时还从历史系请了两位老师给我做特别辅导。”许多年以后，袁明在“传承：我们的北大学缘——北大学者讲坛”上回忆说：“我学国际关系史跨越了好几个学科，必须学法律，学历史，还要把丢掉10年的英文重新捡起来，”“回过头来看，我是在无意当中走了一条跨学科学习的道路。在北京大学，我能够碰到最好的老师，接触到真正的一流名师，我觉得很幸运。”

袁明在1983年至1985年赴美国加州大学伯克利分校做访问学者，回国后担任北京大学国际关系研究所副所长。之后，她又分别赴英国牛津大学、美国佐治亚州卡特中心、卡内基国际和平基金会以及华盛顿布鲁金斯研究所做高级访问学者，主持编撰了《中美关系史上沉重的一页》《国际关系史》《跨世纪的挑战：中国国际关系学科的发展》等著作，她主讲的《近代国际关系史》于2004年被教育部确定为“国家精品课程”。她还是达沃斯世界经济论坛、罗马俱乐部、博鳌亚洲论坛等很多重要国际论坛的演讲嘉宾。

这位以国际关系为研究方向的专家，曾任美国纽约亚洲协会理事、美国纽约外交关系委员会国际顾问、联合国基金会中国理事等，自2014年开始担任“昆山—杜克大学”国际顾问团成员。

从2016年2月25日起，袁明被聘任为燕京学堂第二任院长。

燕京学堂是一所学生集中住宿的住宿式学院，倡导从跨学科的背景出发，以“跨文化交流：聚焦中国，关怀世界”为办学及科研宗旨，在全球化的语境中建设“中国学”学术领域，通过聚集国际化的顶尖师资团队和一流学生群体，打造全球领先的“中国学”教学和研究机构，通过两年制的“中国学”硕士项目，从全球各地区知名高校应届本科毕业生中招收学生。燕京学堂设计了“哲学与宗教”“历史与考古”“文学与文化”“经济与管理”“法律与社会”“公共政策与国际关系”六个方向的课程体系，并创造丰富的机会帮助学生广泛接触中国社会，提倡“用脚步丈量中国”，深度领悟中国文化，力争把学生培养成为各个领域“了解中国、贡献世界”的未来领导者。

研究国际关系的袁明深知，今天的世界迫切需要了解中国，但“何为中国”需要中国自己作答，中国速度、中国奇迹、中国困惑、中国挑战，皆有丰富、生动的实践，值得挖掘和研究。对于这个挑战，中国人要有足够的文化自觉与自信。

燕京学堂，开创了一个中国与世界共同培育青年领导人才的先例，它在试着探索用中国话语、中国方式向全世界讲述有关中国的故事。这是时代赋予北大的使命。袁明在71岁时挑起了这一重担。

从“三味书屋”到大时代，从北大精神到“大作业”，从“中国学”到世界一流高校，我们的话题广泛而随机。在北京大学国际战略研究院的办公地点——一间小巧典雅的北阁办公室里，这种交流仿佛把岁月、历史和未来神奇地串联在了一起……

正所谓“天将降大任于斯人也，必先苦其心志”，未知的前路，难免存在争议、迷茫、困惑、彷徨。但袁明心中坦然：她会伫立在蔡元培雕像前，让心沉静下来继续前行，她还会从自己所受的北大滋养中找寻国际人才培养的灵感。

她说：“国家发展到这个时候，这件事北大不做，舍我其谁？凡是有意义的东西都是有争议的，没有争议就没人理你，所以认准了就得做。”

她用信念排除争议，用历史、传统、家族赋予的底气面对未知，唯愿中国能在“我们是谁”这一世界性题目面前，向世界说清楚自己是谁，而能代表中国说清楚的人，就来自中国自主培养的人才。

这是一种怎样的情怀，又是一种怎样的力量？

世界发生了多大的变化啊

记者：您是绍兴“三味书屋”的后人，鲁迅曾经在那儿读过书，您能否说说“三味书屋”的事？

袁明：很多东西都还在那儿，在纪念馆里，那些都是历史沉淀下来的东西。因为要教学就要开书馆，所以那里的一个个书箱都很有意思。从儒家经书到《本草纲目》，甚至到《桃花扇》，这些书都有。我就在想，鲁迅在“三味书屋”读了六年多私塾，相当于把初高中都读了，甚至还有小学启蒙。六年得读多少书啊？所以**他们读旧学，绝对不是只读那么一点《诗经》。只要去看看那些书箱就会觉得很厉害，几十箱书，每一箱书由老师读给孩子们听，甚至有的老师还从家里带书来，这种文化的孕育我觉得是很要紧的。**回过头来想，他们当时既能看到世界新风潮的冲击，又能看到保国保种的问题。这是什么概念？

我是做国际关系研究的，这个概念当然就是指全球化的冲击。10天前，我到北大英国分校、英国校区做演讲。我站在台上，看到那么多的学者和学生，我就在想，从签订《南京条约》到现在已经100多年了，世界发生了多大的变化啊！我站在北大英国校区，在牛津大学，我在那儿跟几百个听众讲中国和世界，这种历史感觉很不一样。

看着他（蔡元培雕像），我的心就会静下来

记者：您怎么看待蔡元培先生那一批人？

袁明：北大有蔡元培研究会，做得很学术化。我从小就听蔡元培的故事，他就像一个大家庭里的一位长者，是一位精神核心人物。我的太婆去世以后，蔡元培先生写了《罗太夫人传》，文字里对我的太婆充满了褒奖和敬意。

蔡元培先生是一位长者，而且是从旧时代走过来的。蔡先生他用高度概括的文言用词，把对女性美的肯定，写得淋漓尽致。比如我的太婆怎么操持家务，怎么把三个女儿、五个儿子带大，这些都一一写了，写得特别好。这篇《罗太夫人传》在《蔡元培全集》里面可以找得到。

在这么一种氛围里，我就能感觉到自己跟北大的渊源。**蔡元培的雕像离我这儿也就是一箭之遥，我有时候就走过去，站在蔡先生的雕像面前，看上一会儿，让自己的想法沉淀一下。**

记者：那是一种什么样的力量？

袁明：我只是觉得看着他，心就沉下来了，静下来了。因为现在还在忙碌于各种各样的事，国际关系研究、燕京学堂的工作事务等等。但**做事哪有那么顺的，做事都是难的。**所以有时候，我就会不自觉地走过去，想让自己的心静一静、沉一沉。

大时代必须兼容并包：这个大时代我们中华民族还没走完

记者：思想自由、兼容并包，这句话怎么理解？

袁明：**思想自由、兼容并包，从学术道理和我的理解来看，那就是大时代必须兼容并包。在这个大时代中，我们中华民族的路还没走完，**

还在继续走。你们的采访提纲里也写了设立京师大学堂在当时是一种变革，可以这样说，中国必须变革，必须有一种图强意识、变革意识，而教育就是最根本的方法。

另外，还有一个更大的思路。中国人讲平衡，如果从大的世界、从人类文明史的角度来看，中国文化也好，中国传统也好，中国是在五四运动以后才真正走到平衡点上的。从那时起，我们懂得了怎么从另外的学问中看“我们是谁”这个问题，在五四运动以后，我们开始进一步接收西方文化，这种平衡是大平衡，在人类文明史上这种平衡是很少的，这是很伟大的。而北大就是在那个时候创立的，当时为这种平衡正好搭建了舞台。

我在做还没做完的一篇“大作业”

记者：您现在所做的工作也和这种平衡有关？

袁明：到今天为止，我在北大已经待了56年了，从学生到老师，我现在已经70多岁了，但我还在一线探索，还在找新的平衡点，还在燕京学堂里探索新路。

我认为，**我现在做的事，就像是几代人还没做完的一篇“大作业”。只是现在的内容越来越丰富了**。我有时候想，如果这些先贤还在，他们会怎么样？虽然他们会怎么样我不知道，但是我知道他们是怎么开始的，北京大学是怎么开始的，所以我现在就要接着往下做。

“我们是谁”是一个世界性的题目

记者：您刚刚说的那篇“大作业”是指什么？

袁明：就是一篇历史的“大作业”，就是从近代中国、现代中国到当代中国的这篇历史“大作业”。历史“大作业”追求的，就是在新的全球化挑战面前回答“我们中国人是谁”“我们中华民族是谁”的问题。**我是搞国际研究的，我觉得，“我们是谁”这个题目是一个世界性的题目。**

北大给了我们精神滋养

记者：您在北大56年了，北大给您的一个比较深的印象是什么？您在北大这些年获得了一种什么样的心灵滋养？

袁明：从1962年到1966年，我在北大读书，读西语系，我们的教材用的都是西方语言文学。那个时候我还是本科生，比较容易受到周围环境潜移默化的影响。举个例子，季羡林先生是东语系的主任，而我在西语系当学生。外语系就在西校门不远的地方，学生也不多，老师和同学们互相都认识。季先生看到我就说：“袁明，你们英语系学生写的文章比北大中文系的学生写得还漂亮！”他是在表扬我们班上一位在北大校报上发表文章的同学。

让我感觉到真正的北大精神，是在1979年回到北大以后。那时候改革开放刚刚开始，国内迎来了科学的春天。但我不在西语系了，我到法律系读国际法和国际关系史的研究生，英语这时成为我的工具。

当我读研究生回到北大时，在未名湖边，有时候看到已是北大副校长的季先生时，他告诉我，在“文化大革命”的时候，他都觉得快要撑不下去了，可我的研究生导师王铁崖先生就跟他说，要顶住，要坚持。其实这在我看来，就是一种重要的精神滋养。

北大精神就体现在对青年人的爱护上

袁明：王铁崖先生那时请历史系的张广达、罗荣渠两位老师专门辅导我。因为我没有历史学的基础，张先生就让我先做八个大国的大事年表，即：中国、美国、英国、俄罗斯、苏联、法国、德国、意大利，当时我在图书馆做了一年。那时候哪有什么网络，全靠一本工具书，还不

可以借出来，只能天天在图书馆里查阅。

北大有这么一种集体培养人才的机制，培养年轻人跨系，而且没有任何报酬。因为老先生相托，就是为了培养人。大家都是人同此心，只要研究生进来了，就一定要好好培养，于是老师们的家里也成了课堂。所以我觉得，**北大精神就体现在对青年人的爱护上，我是这么过来的，所以我现在也应该这样对我的学生。**

我的老师都是满北京城找来的

袁明：我受到了那种滋养以后，我才变成今天的我。在20世纪80年代里，有这样一个校园，有着知识、情感、传承，还有一种跨学科的锻炼。

如果有机会，老师第一个想到的就是学生。不但是有机会这样做，还会创造机会这样做，其实在那时候真的是很不容易的。我记得当时教我的老师都是满北京城找来的，中央党校、民族学院，从一个一个的学校里去找老师来给我们上课。如果再看一遍历史，你会发现，当年蔡元培先生不也是这样吗？不也是满世界去找老师吗？陈独秀是他请来的，辜鸿铭也是他请来的，还有许多老师都是他请来的。

我们都是“北大产品”

记者：这些“滋养”和现在的人才培养方面的改革，是不是有不一样的地方？

袁明：我觉得现在的学校领导很清楚，你们可以去看校长的若干次讲话里说的都是创新，就是培养人才。校领导说要把北大建成伟大的大学，我内心是很认同的。因为一流的大学谁来评？说白了，现在都是看世界排名。我自己是做国际关系研究的，这个世界排名我看得很明白。这个世界排名其实就是资本在起作用，很多的例子就不再展开一一说了。但是在我们心里，得努力把它变成一个伟大的大学，我觉得这就是一种提升。想成为伟大的大学是永远没有止境的，它是一种非常高的追求。现在北大建校才120周年，只要我们沿着兼容并包这条路一直走下去，前景一定是广阔的。

什么叫作平衡？我说不好，董强老师也许说得更好，他是法兰西学院院士，书法极好。他能把中国文化的美和西方的美结合起来，他有自己的理解和领悟。如果他来说平衡，肯定比我说得好。我跟他一样，**我们都是“北大产品”，都有北大精神，我们虽然有各自的模样，但实质都是北大人的模样。**他年纪比我小，但也是一种很美的“北大产品”，这种“产品”没经过几十年的打磨，是“生产”不出来的。

如果没有历史凝聚的底气，恐怕不敢做这个实验

记者：您刚才说的在20世纪80年代时老先生带研究生这样一种方式，您感觉传承下来了吗？现在还有那种满世界找老师的情况吗？

袁明：现在大学里有一个很大的挑战，就是研究生太多，研究生的数量现在差不多已经是本科生的一倍了。这么多研究生跟当年我们第一

批、第二批的研究生，是完全不一样的。当然现在的老师也多了。其实对学生的关心和培养是很辛苦的一件事，但我自己感觉，北大的老师对学生的爱护是没有问题的。

现在的压力就是研究生数量太大，从21世纪初到现在，全世界碰到的问题我们都有。网络挑战也相当大，现在燕京学堂是跨文化、跨学科在做这个实验。我觉得，如果一所学校没有历史凝聚的底气，恐怕不敢做这个实验。

我现在做这件事的最大动力，是我觉得还有点儿底气。这个底气来自历史、传统，以及个人、家庭、家族的文化。因为家庭是社会的一个缩影。还有一个很重要的，就是中国人的底气。我的前辈是这么传过来的，所以现在到了我这儿，我还得传下去。

我不做谁做?

记者：是什么原因促使袁老师当时确定做燕京学堂的“掌门人”?

袁明：是林校长到家里跟我说：“袁老师你得来做。”我说：“不行。”你想想，当时我都71岁了。但我思考了几个星期，后来想想，就像林建华校长讲的，我不做谁做呢?

那时候校内校外对燕京学堂都有点儿争议。有些争议是有道理的，比如说“中国学”。究竟什么叫“中国学”?“中国学”是外国人心目当中的“中国学”吗?因为我是做国际关系研究的，在第二次世界大战以后，美国在全世界布局，搞区域研究，“中国学”就是其中一个，而且是很不重要的一个。当年美国人布局，排在第一位的区域研究是苏联东欧各国；再接下来就是中东各国，因为石油在那儿；再往下是拉美各国；再远一点是东亚各国。在美国人的布局中，东亚各国排在了后面。而在东亚各国的区域研究中，日本是排在第一位的，韩国也相对重要。在当时，中国在美国的区域研究中并不是“显学”。

“中国学”将来主要要靠有国际视野的中国人做

记者：那您心目中的“中国学”是什么样子的？

袁明：对西方来说，更早的中国研究就是欧洲的汉学，跟美国后来做的“中国学”也不是一回事。美国的“中国学”更加实用，更加政治化，当然后来也有很多发展。**要做真正的中国研究，“中国学”将来是要靠中国人做的。**现在是一个全球化的时代，当然要放开视野。

燕京学堂要搞跟中国有关的教学和研究，就要做开放的、动态的实践。改革开放以后，在中国这块热土上有着许多具体生动的故事。沿海的、内地的，北方的、南方的，这些故事我们要怎么来讲述？所以**我们要尽量创造条件，把课堂设到中国大地上，“用脚步来丈量中国大地”，让国际学生和中国学生一起来观察中国、讲述中国。**

燕京学堂是国际项目，3/4 的学生是来自全球最好大学的年轻人。要让他们了解中国，就必须把课堂扩展到田野上去，把课堂教学和社会实践结合起来。

我的理念就是要到田野中去

记者： 所以您主张让这些学生深入中国社会？

袁明： 燕京学堂需要英文授课，我在到处找老师。我的理念就是要到田野中去，让学生们真正感受时代的气息。这些学生非常聪明、非常优秀。在国际学生中有的人中文讲得非常好，比如说，在2017年的毕业典礼上，来自普林斯顿大学的艾文可以用非常流利的中文代表几千名毕业生进行发言。他用“君子和而不同”这个题目，讲述自己在中国、在北大亲身经历的故事。

当这位黄头发、蓝眼睛的美国小伙子，代表3000多个研究生上台发言时，当时全场的老师和学生用笑声和掌声不断给他喝彩，现场特别震撼。**这种具体的、由衷的、发自内心的喝彩，是一种能够调动大家情感和思想的力量，在那一瞬间，你会感受到一种很强大的生命意义感。**

看到了一个非常多面的、正处在大转型中的中国缩影

记者： 到田野中去，是指到一些地方去？

袁明： 是的。之前，燕京学堂就有一批学生去了贵州。

为什么要去贵州？因为现在燕京学堂里有一门课叫作“全球治理和中国的作用”，开课者就是外交部原副部长何亚非。在G20峰会、哥本哈根气候谈判等重大国际活动中，他曾在第一线工作，有着丰富的国际经验。等他退下来以后，我就把他请到燕京学堂来当特聘教授。这门课

很火，因为他曾经做过外交部副部长，见识和经验都在前沿，很受年轻人的喜欢。

国际上有一个非政府组织，叫国际山地旅游联盟，何亚非兼任了中国方面的秘书长。这个山地联盟落户贵州，是贵州省争取过来的，因为贵州有许多山地，有许多旅游资源。

何亚非向贵州省的朋友介绍北大燕京学堂，他们就说一定要请燕京学堂的学生们来看看。这些国际学生去贵州看了天眼、大数据、苗寨、生态农业，还看了一些在边远地区支教的老师，看到了一个非常多面的、正处在大转型中的中国缩影。

这种探索的脚步迈得太大了。**为什么有时候我要走到蔡先生的雕像前去呢？我不是苦恼的时候才去的。我需要灵感，需要有我的思考。**很庆幸现在的北大校园里面，有这样的丰碑留着。立这个雕像的，是北大七七、七八级的毕业生，当年他们给母校留下了李大钊和蔡元培两尊雕像，让前人的精神不断地滋养、激励后来人。

北大的资源太丰富了

记者：燕京学堂是两年制吗？

袁明：是的，一年主要是课程，包括田野实践。第二年主要写论文，有些学生留在学堂继续学习，继续做助教。因为我们的课程需要很多的助教，我们也会给奖学金。

记者：咱们政府的奖学金是多少？

袁明：政府奖学金现在争取到的有一部分是国家留学基金委的钱。

记者：自筹的，是奖学金很大的一部分？

袁明：是的。学校领导跟我说，我们的能力现在也只能办一个燕京学堂，但我们的团队是极强的工作团队。

记者：咱们的师资队伍呢？

袁明：师资队伍大部分都是北大的，因为北大的资源太丰富了。北大有理科，比如说环境科学，搞可持续环保。但是国际学生来，主要学的是政府关系、国际关系、外交、经济、金融、社会、文学、艺术、历史、考古、文博，这些是国际学生最感兴趣的。

记者：学生国际化程度是多少？

袁明：国际学生占3/4，现在燕京学堂已经有56个国家和地区的学生了。

培养更多有跨文化理念、跨文化能力的青年一代

记者：燕京学堂和清华的苏世民学院好像很像？

袁明：北大要办自己的燕京学堂，我接手以后，大概的定位就是“跨文化交流：聚焦中国，关怀世界”，就是一个以中国作为主要研究目标的定位。

中国与世界现在越来越不可分了，必须有全球的眼光，要有全球的视野。说得再通透一点，就是希望培养更多在国际上能够理解中国、能够和中国一起做一篇更大文章的人。

人类总要前进，这就要培养更多有跨文化理念、跨文化能力的青年一代，构建人类命运共同体。

燕京学堂的经历，也许是他们一生中最丰富的一次跨文化的经历

记者：有多少学生从燕京学堂毕业了？

袁明：燕京学堂现在才办三年，已经毕业的第一届有100多名学生。今年的数字还没有出来，不过我知道，哈佛法学院来这儿学习的已经有三个学生了。这和他们原来在美国连着读不一样。他们在燕京学堂的求学经历，也许是他们一生中最丰富的一次跨文化经历。其中有一位来自欧洲的学生，中文很好，毕业以后欧盟录取了他。这一点并不奇怪，因为他们有了在燕京学堂的经历，能够得到更多深造的机会。

周边和欧美国家两头都要顾

记者：国际组织也需要这样的学生吧？

袁明：非常需要。现在我们在"一带一路"沿线国家也招收学生，我们现在有三个中亚国家——乌兹别克斯坦、塔吉克斯坦、哈萨克斯坦的学生。还有尼泊尔、印度、巴勒斯坦、泰国等国家的学生。周边国家太重要了，"周边"是中国几千年来往最多的地方，必须深做，这也是我们的战略依托。西方欧美国家我们也要长期打交道，我们需要未来的"基辛格"。

刚开始真的是筚路蓝缕

记者：可不可以这样理解，其实这个项目体现了一种担当和责任？

袁明：当然。北大这个担当是很大的，国家发展到这个时候，这件事北大不做，舍我其谁？虽然燕京学堂刚成立的时候我只是一个旁观者，但在那时候我是支持的。我问老师们，你们准备做什么？他们说国际化、主体性。我说，这两点都站得住。中国已经发展到了这个阶段，中国人的主体性要体现，体现在不仅要能说，而且要有这个能力来向世界说。

提出这个理念容易，如果真要办，还是要有担当精神。北大各个院系都有各自繁重的教课任务，燕京学堂要动用全校优秀的资源，组织这么繁重的教学任务不容易。刚开始真的是筚路蓝缕，所以必须有担当，更要有北大各院系的支持。

体验这个过程，得不得名次是次要的

记者：大概有多少个老师呢？

袁明：现在参加燕京学堂授课的老师，如果光说讲课的，有60多位老师，还有论文指导老师、实习带队老师等，加一起有上百位了。

记者：都是北大的老师吗？

袁明：对，是北大的。校外的也有，但不多。

记者：经费有多少呢？

袁明：学校提供了全额奖学金和生活补贴，最主要的是学生能够在整个北大校园里选到自己最心仪的课程，并从中学到知识。我们很开放，国际学生必须融入北大，发扬他们的这种主动性，北大什么活动他们都得参与。昨天晚上学校学工部老师给我打电话说，最近学生们有一个优秀班集体竞赛评比，燕京学堂的学生表现得特好。只是那么多人在竞争，他们的语言肯定不会占太大优势。但是我很感动，只要他们体验这个过程，得不得名次是次要的。因为优秀班集体的评比是完全中国式的，他们能有一个体验的过程就行了，我想他们能参加评比，就肯定高兴得不行了。我记得有一个非洲学生，让他上台他就已经很高兴了。

以“聚焦中国”为中心主题来办国际化教育，燕京学堂是在前位探索的

记者：怎么理解燕京学堂的意义？

袁明：加入燕京学堂的时候，我已经71岁了。接手这个工作，除了刚才讲的精神、心灵之外，我觉得凡是有意义的东西都是有争议的，要是没有争议就没有人理你。没有人关注，人家自然不跟你玩儿。当年人们对蔡元培先生的争议多厉害？他请陈独秀来北大有多少争议？请辜鸿铭来又有多少争议？他请的人虽然有争议，但是他认准了的事，就必须做。

最大的意义就在于，我们要不断认清中国和世界的关系，历史的、动态的、人文的，最终是未来的，我们要在中国、在北大一起创造“共同的历史”。

现在的北大可以动员的资源与过去不可同日而语

记者： 以中国人为主的国际教育，目前在国内是非常有标志性的。

袁明： 确实太少了，但燕京学堂是有标志性的。我现在73岁了，还在坚持。我觉得，现在北大的资源太丰富了，先不说文科，理科的不少老师，像田刚、饶毅、吕植、张世秋等都来燕京学堂讲课了，来的还有医科的柯杨，这些人让我很感动。田刚是数学家，他就讲北大数学系的历史，饶毅就讲生物，学生们都觉得很有意思。因为他们自己本身就是故事，很能引起学生们的兴趣。

我们有一门课，叫“转型中的中国”

记者： 因为好多都是跨学科，需要设计课程吧？

袁明： 课程全部都是我们自己设计的。当然，我们首先要有最好的老师。我们有一门课，叫“转型中的中国”，是全体学生的必修课。这门课是由六位老师组成的指导团队来授课，他们分别来自政治、经济、法律、环境等领域，如法律是法学院的副院长讲，他是从哈佛法学院回来的。

这门课的实习部分，是根据学生的研究兴趣，由导师指导，学生组成小组到全国各地搞调研。做这件事是需要成本的，但我们觉得是值得的。比如说2017年，重庆高新区就提出来，只要北大燕京学堂的学生来，我们这儿就欢迎。于是我们就派了九个学生到重庆高新区看当地的高新技术产业。当然，大多数实地调研是导师根据学生的兴趣安排的，比如说有个小组去了新疆，带队的就是环科院的一位女老师，她是得过联合国环境奖的，很棒。他们到新疆看风能发电。有一位来自加勒比海岛国、受美国教育的学生说，自己看了新疆的风能，就想着，将来回到自己的国家去发展，如果能够把风能利用起来多好啊，因为那里什么都缺，就不缺风。她是Wellesley（韦尔斯利学院）毕业的，是宋美龄和冰心的校友。

有的学生还去了浙江桐庐，那里真是绿水青山。有一位当地的女主任，能用流利的英文介绍新农村建设的故事。学生们去看当地的污水处理系统、乡村文化建设、敬老院、旧民居改造的现代民宿，还有“猪栏茶座”“牛栏咖啡”等融传统和现代于一体的年轻人喜欢的休闲娱乐场所。在这里，他们听到的和看到的与他们来中国之前所了解的是不一样的。因为在他们来中国以前，他们所受到的影响往往表现为两个极端：一个是他们以为中国仍非常落后、贫穷；另一个就是，他们以为上海、深圳的高楼大厦就代表了中国的现代性。而当他们到了浙江农村，他们才看到了有着很重的乡土气和处处可见的中国传统文化，但同时，他们又感受到了很足的现代味道。这时，他们就会尽量用自己的方式来表达感受。这时，跨文化的力量所碰撞出的火花，就是从不同的视角出发所能看到的中国。

看到“转型中的中国”课程总结以后，一位清华大学的老师给我来信说：“这是北大整体的胜利，是中国文科的提升。”

办好燕京学堂，要动很多的脑子

记者：北大在历史上就强调改革，设立燕京学堂也是一种改革，能不能说这是北大的创新精神？

袁明：北大总是伴随着改革。改革总要不断进入深水区。茫茫大海，何人伴行？多一些人一起探索多好。因为北大总是要往前走的。

但是一定要保证我们的方向是对的。这么多国际学生的背后是一个非常多样化的世界，非常多元的文化传统。语言、信仰、习俗、经历，呈现的就是一个世界多元文化的背景。但是他们又有着共同点，首先当然是年轻，对世界充满好奇，最主要的是对中国充满兴趣和好奇。我们中国学生的比例也在逐年增加。他们大多来自985高校，而且是这些学校的优秀毕业生。当这些年轻人走到一起，一个新的文化氛围就形成了。**如何使他们真正融入北大，并且在这个过程中激发、创生出新的校园文化亮色，这是需要动大脑筋的。不仅是我们的工作团队在动脑子，而且是整个学校，整个北大在动脑子。**

燕京学堂办起来了，再往前走，就要有能力和底气。这个能力还真不是说空话，要体现在每一门课、每一次作业上。老师带学生出去的每一次具体践行，都是实实在在的，都是老师教学能力的体现。

学生上了课以后是有反馈的。他会说，这门课我特别喜欢；而也有的学生就说，听了课以后不知道老师讲的是什么，像这样的反映也很多，所以我们要动很多的脑子。

目前我们是“草船借箭”

记者： 您觉得，在这条探索人才培养的路上，最大的挑战是什么？

袁明： 最大的挑战还是人。怎么讲呢？在北大资源这么丰富的校园里，我心目当中有很多优秀的老师分布在各个院系，而且他们都还承担着很重的责任。但我还没有这个能力和精力，能把最优秀的老师都请过来。目前我们是“草船借箭”，其实这也是一种中国智慧吧！但是老“借”能行吗？我们自身得做强，尽管这种考验是很大的。

办这样的学堂，国外没有现成的经验可以借鉴。即使有，在我们这儿也不见得能够适用。再就是用“中国讲座系列”这样的方式，请一些学术造诣高又受年轻人欢迎的老师来讲，这是值得坚持的尝试。

把学堂当作一个真正的事业来做

记者： 燕京学堂做好了，就是开创性的。不知您这儿有课程表吗？可以给我们看看吗？

袁明： 有，当然可以。我们这儿有非常规范的课程表。我们这个工作团队实在是太敬业了，大家全身心投入，把学堂当作一个真正的事业来做。

把一些问题想得深、想得透一点，要站在国家的高度上

记者： 要办好一件事，第一是需要资金，第二是靠人，第三个，就

是要在体制、机制上做尝试。

袁明：孔子学院是一个很有意思的尝试，孔子学院采用一种“走出去”的模式，是中国人主动走出去办学的模式，其内容更多的是汉语教学，或者是文化传播。在这个全球化的时代，北大要在本土领跑，因为这个全球化和中国密切相关，当今中国在国际上已经迅速地发展起来了。

记者：人才培养的挑战是挺大的，这个时候应该培养什么样的人才才是适应全球化要求呢?

袁明：有些方面，尤其是在中外人文交流上，就要把一些问题想得深、想得透一点，北大要站在国家的高度上，要有一种大关怀和大思考。因为我们天天处在丰富的实践当中，天天跟学生，而且是跟国际的、中国的优秀学生在一起，我们要知道他们的想法，要知道他们对中国的看法。同时，他们也会有一些很好的建议。

像艾文这位美国学生说的“君子和而不同”，他的表达方式就很值得我们借鉴。当然，首先是我们自己要把教学做好，但是同时我们又要去思考、去承担。这种使命都是自己加的，谁也没有要求做什么，但是走到这一步就必须思考了。

哈佛大学毕业生：只有在北大，才有过这么奇妙的经历

记者：现在燕京学堂发展情况怎样?

袁明：全球化+市场化，是大的世界潮流，燕京学堂依靠的社会资源不就是来自这个吗？比如百度奖学金，我们每年有10个百度奖学金

名额。李彦宏2017年跟我聊，他说："袁老师，你觉得我们还能够做什么？"我说："一点点做吧，我尽量做，你也尽量做，各自做好。"

以"中国主体性为基础的国际领导力养成"为培养原则，打造全球领先的"中国学"教学研究中心，力争把学生培养成为各个领域"了解中国、贡献世界"的未来领导者……燕京学堂在创立时的立意蛮高的，100多年前，先驱的眼光也落到这上面。100多年过去了，能成为现在这个样子，说明这是能够站得住脚的。所以这一点挺重要的，就是要重新走进历史之源，思考当前之路。

未来已来，未来已在。我们所有的学生，他们每天晚上写完各自作业，10点以后会主动到学堂六楼的公共图书馆，坐在那儿聊人工智能、聊基因编程、聊伦理问题，聊得很兴奋。**有一个哈佛的学生和我说："袁老师，我是哈佛大学毕业的，全世界我也走过很多地方，只有在北大，才有这么奇妙的经历。"**

他们在想人类的未来是什么样的

记者：他们没有参加过这样的讨论吗？美国大学里的讨论不是也很多吗？

袁明：他们讨论的话题是大的，他们在想人类的未来是什么样的。他们觉得在中国能够听到看到这么多很开心。我很熟悉、很了解的一些中国年轻人，他们也是经常从晚上谈论到凌晨三四点。我说，我也想参加，可是已经没他们那种精力了。

记者： 北大学生经常会思考一些距离自己似乎很远的问题？

袁明： 是的。

记者： 比如说人类的、国家的、民族的一些问题。

袁明： 对。因为他们来自不同的国家，有很多不同的问题，所以他们对人类的共同命运，可以想得很远。他们就是凭兴趣，把自己的心灵调动起来了。

文化之间的相互信任将创造未来

记者： 袁老师，您之前在采访里说，北大应该代表中国人的一种精神高度，是吗？

袁明： 是的。文化之间的相互信任将创造未来，这方面的冲突肯定有，但是既然要办燕京学堂，要做这个事，文化之间就要相互信任。**中国文化的基因里面有种东西叫作信任，或者叫包容。比如在汉唐时期吸收外来文化、印度佛教，后来大规模的西学东渐。中国文化对外来文化的包容，也许是一种基因或密码，但是不管它叫什么，这是前人传下来的，这种包容就是一种信任。**另外，现在人类命运共同体不树立一个精神高度的话，谁跟你走呢？

“我是谁？”“我们是谁？”年轻人问，年纪大的人也问

记者： 您说的这个精神高度，具体指什么？

袁明： 我觉得只有不知道的东西，你才有这个动力去寻找。在当前

世界多元文化激荡交融的大格局下，人类普遍受到经济全球化的影响和文化交流的驱动。

几百年来，大家都在讲物质，但精神在哪儿？现在大家都在问这个问题，我在世界各地都碰到过这个问题。“我是谁？”“我们是谁？”年轻人问，年纪大的人也问。我觉得这就是全球性的问题了。这也是我做国际研究几十年，跟不同的人谈，得到的一个印象：太过物质化。就是说，人类从工业革命开始，几百年一路走下来，别说精神高度了，有时连精神在哪里都不清楚。再加上现在新的技术力量的出现，外在的力量越来越大。物质化是在不断攀登新的高度、迈进新的阶段。那么人类的精神在哪里？这个要做提炼，需要有大关怀，教育要站在这个角度上来谈。我觉得，这是整个社会教育的使命。

在这两年多里，我的体会就是，青年人的认同和支持很重要。在燕京学堂里，我们必须和几百个优秀青年人在一起，不能飘着，因为他们都是“90后”，他们就是未来。

他们的自塑能力也很强

记者：他们现在是什么样，未来就是什么样？

袁明：可以这么说，问题是要一起塑造。他们的自塑能力也很强，不是我想怎么塑就怎么塑。他们是带着很强的学习能力来的，塑造能力非常强。讲“君子和而不同”的学生，我特别关注他。他在网上有了名气后，就有很多地方找他，他去了陕西，投入陕西师范大学的一个农村教育项目上。他的志向就是要看怎样才能真的把中国农村教育做出一个样子来，这是他的追求。

做好自己就好

记者：您去过很多国家、很多名校，北京大学如果跟世界一流高校比，您怎么看？

袁明：我觉得这个问题要看怎么说，像理科、自然科学是有自己的标准的。**但如果站在更宏观的角度上讲，我的想法是不要过多去比较，做好自己就好**。蔡元培是在北大建校20周年时说到德国洪堡大学有几百年的历史，但是我理解，他在说这一点时并不自卑，而是勉励大家要有自强不息的精神。

记者：现在的高校评价体系都是西方的。

袁明：西方背后可是有很多资本力量的，他们已经做成非常牢固的模式，对此我们始终要头脑清醒地走好自己的路。

这就是北大，这种求知的欲望

记者：您认为北大的老师和学生，有一些共性特点吗？

袁明：当然。我这次去英国，去北大英国校区，和钱乘旦老师、戴锦华老师、黄益平老师等一起。走了一路，就听经济学的老师在不断问历史学的老师关于英国历史、关于大宪章的问题，简直是有问不完的问题，他们就是好问，不断在思考。在他们的问答之间，真是妙语连珠。

北大就有很多这样“打破砂锅问到底”的老师和学生，这种问问题的劲儿、求真的精神，是很厉害的。

记者：袁老师，我从您的身上就看到了北大的密码。

袁明：那你们就解读吧。

记者：这种密码只可意会，不可言传。

中国是一个伟大的实验场

——与北京大学国家发展研究院院长姚洋面对面

导 言

一个人　一扇窗

和姚洋的访谈，是在朗润园中一个普普通通的房间里。房间不大，里面堆满了书，略微有些凌乱。

从初入北大求学时“记忆最深”的事情，到中国学者应该设置议题、提炼理论，从“大师”的内涵到对儒学的关注，这位著名经济学家向我们娓娓道来，不紧不慢。

——“北大人不应该接地气。”

——“不太赞成北大学生去创业。”

——“北大的毕业生不应该去杀猪。”

——“中国现代化，应该从1898年开始。”

——“我们需要一批能真正融汇中西的人物。”

——“最终的竞争，是思想的竞争。”

——“北大应该培养思想家、各行各业的领军人物。”

……

一系列的新观点、新理念，让人耳目一新，我们也被这位专家的坦荡、直率所折服。

人往往是有使命感的，姚洋的“使命感”跃然纸上：“北大给我们创造了这么好的条件，国家给我们创造了这么好的条件，我们可以静下心来做一些深入的研究。现在学术分工越来越细化，你不沉下心来做一些细致的研究，就不可能做出很好的研究来。”

成立北京大学国家发展研究院的“目的很简单，就是要提高中国经济学研究的水平。另一个目的，是要给中国经济建设献计献策”。

一个人，一扇窗。从姚洋这个“窗口”去看，也许，我们能品读出一所名校所蕴藏的品质……

北大是著名的大学，但不是最著名的大学

记者：姚老师好，能说说您和北大的缘分吗？

姚洋：我跟北大的缘分，是从1982年开始的。那时候，北大是著名的大学，但不是最著名的大学。那时候大家的偏好很分散，在西安，最著名的大学是西安交通大学，陕西学生报北大的很少，当时只有我选择了北大，而且是比较戏剧性的事情。

记者：您是哪个中学毕业的？

姚洋：我曾经就读于一个厂矿子弟学校，西安西电公司的西电二中。当时即将毕业了，我一看考分，分数比较高，就感觉可以报北大。有个同学问我："你是不是可以报北大？"我一听，可以。报什么专业呢？我希望学文科，但那时候大家都学理科，我就去查招生目录。一查，北大有经济地理专业，我感觉"经济"偏文科，所以我报了北大的经济地理专业。

我跟另外一个同学约好，他报清华。他很聪明，数学非常好。结果到报名的那天早上，我跟妹妹在楼下打羽毛球，他骑着自行车过来对我说："对不起，我不报清华了，我要报浙江大学。"所以你看，那时候浙江大学的名气并不比清华大学小。

结果就剩下我一个人报了北京的大学，我父母在我填报志愿时追到我们中学，说你不能报北大，一定要报西安交通大学，北京太远了，还说你学"经济地理"这个专业有什么用，要求我一定要学工科。因为我

们读的是厂矿子弟学校，父母希望我们以后都能成为工程师。

当时我的政治老师见多识广，他说：**“你放心，你就去读北大，专业不重要，学校重要。”他这一句话救了我。**因为我母亲也是老师，他们认识，这样我才报了北大。等到了北大，我一看，经济地理专业的学生真是来自五湖四海，而我的成绩比其他同学超出了一大截，我的分数是537分，估计排第二名的是500分，北京有些同学只得420分，差距非常非常大。

慢慢就有了北大的那股劲儿

记者：那时候觉得北大是一个什么样的学校？

姚洋：我觉得虽然那时候年纪小，但是在模模糊糊之中有一种认识，就是觉得北大是一所综合型大学。我高考时政治分数最高，其次是英语，然后是语文、化学，数学和物理考得并不好。所以我明白自己优势在哪儿，是比较综合的，而北大正好是个综合型院校。

其实刚到北大，感觉特别不好。当时，学校派了车从北京站把我们拉过来，从南校门进来，看到两边都是那种老房子，破破烂烂的，灰不溜秋的。还有现在的电教楼，那时还是个足球场，8月时荒草丛生，根本踢不了足球……

汽车把我们往那儿一撂，就得自己拖着行李到宿舍去。宿舍在42号楼。那时候许多宿舍楼挤在一起，特别破，而在楼下面就是个垃圾场。我父亲送我到北大，就说这个北大怎么这个样子。当时对北大的印象特别不好。

记者：印象这么不好？

姚洋：那时候的北大条件特别差。但就是在那种环境里面，你慢慢就有了一股劲儿，就是北大的那股劲儿。

大家读书的热情很高，社团活动也很多

姚洋：以我自己的理解，在20世纪80年代时，国内思想解放，北大里那种自由的气氛，你就能很好地感知到。特别是我们到了大学三年级、四年级时，课程没那么紧张了，有大把的时间读书。我们那代人，那时还只能读纸质书。每个月我记得助学金是14元钱，家里再给20元钱，一个月34元钱，除了吃饭，省下的钱全部买书了，买了很多书。**对我来说，在大学时光中，记忆最深的就是自己读书。**

记者：那会儿买书是普遍现象吗？

姚洋：那时候，有人把书拉到北大，中午吃饭的时候，他就在学生食堂外面卖书，卖“走向未来丛书”，白皮的，很小开本的那种，当时和“中国文化丛书”“世界文化丛书”一样，都是很出名的书。

大家读书的热情很高，社团活动也很多。当然，那时候的社团都是文学的、艺术的，还有科学的、各专业的。现在很多社团都跟“玩”有关系，因为学生的追求不一样了。我们那时候，说实在的，没有现在这样的收入水平去搞野外户外活动，还是以读书活动为主。在那个过程中，我们就培养了所谓的北大人特性。

北大应该培养思想家

记者：什么特性？

姚洋：别的地方对北大人的看法是：北大人不接地气。我觉得，在某种意义上来说，北大人就不应该接地气，北大应该培养思想家。

一个国家，你总得有一所大学，它是以培养思想家作为自己的责任的。比如说，清华是以培养工程师作为自己的责任，那北大就应该以培养思想家作为自己的责任。我觉得，这些年北大都是这么做的。

其实从1898年设立京师大学堂开始，北大在中国的作用就是出思想的地方。有思想当然有行动，比方说五四运动主要是出思想，但到了中国共产党成立，就有了行动了。所以，**北大是从思想开始，然后付诸行动，我觉得这就是北大人的精神。**

中国现代化，应该从1898年开始

记者：北大人的精神，能不能说得更明确一些？

姚洋：1898年戊戌变法，留下了北京大学。戊戌变法是中国现代化进程中一个非常重要的里程碑。**很多人说中国现代化是从1840年开始的，我个人觉得应该从1898年开始。**

1840年后虽然开始有“洋务运动”，但那时候的中国尤其是民众，实际上还是心智未开，洋务运动中绝大多数时间还是在购买别人生产的成品，而且主要是军械。洋务运动在工业方面的成就，说实在的，并不是很大。

但是**在1898年后，我们有了一个所谓的现代性，就是中国要想现代化，必须从改造民心、改造制度开始，这是现代化的一个起点。**那么北大就是中国现代化的产物。五四运动也是中国现代化的起点，中国共产党的诞生是中国现代化进程中一个非常重要的标志。

事实上在中国共产党成立时，早期领导人李大钊、陈独秀，包括毛泽东，他们关注和讨论的问题，就是中国如何实现现代化的问题，中国共产党在当时承担起了现代化和救亡的双重任务。

新中国成立后，中国共产党又开始实现现代化进程，前30年不仅是经济现代化，而且是社会现代化、人的现代化。尤其在过去的40年里，经济现代化这方面做得非常好。

北大的毕业生不应该去杀猪

记者：这些和北大有什么关系？

姚洋：我觉得，中国共产党成立的初衷就是实现现代化，以一种扬弃的态度螺旋式上升，推进中国实现全面现代化。

这也是北大和中国社会的命运紧密相连的一个非常重要的方面。我跟我们校长就说过，**世界上没有一所大学，能像北大这样，影响一个国家的近代史。就连哈佛也没有做到这一点。**

试想一下，中国近现代所发生的事，有哪一件大事跟北大没有关系？全都跟北大有关系。北大的历史地位就在此体现了。到了今天，**北**

大要培养什么样的人，我个人觉得，还是要培养这种有高度的思想家和科学家。文科专业要培养思想家，理科专业要培养科学家。

我是不太赞成北大学生毕业后去创业的。北大学生创业不像清华的学生，他们掌握技术、能创新，北大学生最大的创业就像是“ofo”（无桩共享单车出行平台），给大家提供便利，但不是原创性的东西，不是技术的发展。

绝大多数北大同学如果创业的话，我估计不是像那位著名的校友去杀猪，可能也就是开一个咖啡馆、一个餐厅，可干这些事不需要北大文凭。我们著名的“杀猪校友”说对不起母校，我觉得他说的是实话，北大的毕业生不应该去杀猪。

北大应该培养思想家、各行各业的领军人物

姚洋：北大应该培养思想家、各行各业的领军人物，这应该是北大的目标。这就涉及北大到底应该做什么样的教育的问题。

我觉得北大的教育一定是综合型的教育。本科阶段我们就应该告诉学生：你来到北大读书，就别想就业的事情。北大毕业生如果还就不了业，全国还有哪个高校的学生能就业呢？这不应该是你们想的。如果你这么想，你就别来读北大。

让学生去看中国的现实

记者：心怀天下，志存高远，而不是为了一个毕业证书？

姚洋：对，我们每年招的人不多，就2700人，对于这么大的国家来说其实是一个很小的数。这些招进来的学生，真的应该志存高远、博览群书。你有自己的专业，但是不能把自己局限在一个专业里，你应该读很多的书。你如果是理科生，一定要读文科的东西，读人文社科的东西；**你如果是人文学科的学生，应该读理科的东西、自然科学的东西，把这些知识融会贯通起来。元培学院就是在做这样一个实验。**

国发院从2017年开始招本科生，目标就是培养这种有社会科学基础的人才。社会科学之母就是经济学，自然科学之母是物理学，数学是大家拿来应用的。所以你要学好经济学，打好基础，同时又要给本科生开一些政治学、社会学、历史学、哲学的课程，让他们接受宽口径教育。未来他们自己选择，可以继续读经济学，也可以读政治学、社会学，甚至哲学。

其实，我们也非常注重"接地气"，让学生去看中国的现实。今年（2018年）夏天，一位老师就要带着30个学生到江西农村待上两个星期，看中国最穷的地方老百姓是怎么生活的，回来后到国外再去交流一个学期。这就很"接地气"。

20世纪80年代在这点上做得很好。我们80年代学理论学知识，同时又到中国的实践里调研，要做很多调研。

把中国的现实"拔高"一步

记者：用这种方式，培养出来的学生会有什么不一样？

姚洋：这正是我想说的。我们刚才说，国发院好多人都像古代的“士”。“士”和文人不一样。文人爱谈社会是什么样，谈自己的理想是什么样。而国发院不是，**我们这些人谈理想，同时也谈中国的现实，要把理想和现实结合起来。**

我觉得国发院是最好的地方，这不是因为我在这里而自夸。我观察了好多地方，觉得国发院是做得最好的，没有脱离中国的实际，但是又没有陷入中国的现实。**我们有理想，又有很严谨的学科训练，可以把中国的现实“拔高”一步。**

关注现实问题，也有超前研究

记者：能具体说一个例子吗？

姚洋：我们非常关注现实问题，也有一些超前研究，比如说林毅夫老师在1988年就提出新农村建设问题，实际上是受韩国“新村运动”的启发，他提出中国也应搞一个“新村运动”。后来到了20世纪90年代末，我国开始社会主义新农村建设，实际上这就跟他提出的“新村运动”有关。这就是有前瞻性的研究。

周其仁老师当时参与电信体制改革，他提的方案最后变成了国家方案。周老师还做过土地制度方面的研究，变成了国家层面的所谓“农地确权”制度。当然还有价格双轨制、国有企业改革债转股等方面的研究，也变成了国家政策。还有“小农”问题，就是家庭农场经营问题的研究，也得到了中央重视。

我们会做一些超前研究，最终会引起社会讨论，形成政府政策，发挥智库的作用。

中国是一个伟大的实验场，提供了很多素材

姚洋：不“接地气”，就是北大不能培养这些人成为技术员，北大不应该以这个为目标，这是谋生手段。

我是这样的意思：**总得有一所学校，志存高远，培养的人应该成为思想家。但是并不是说思想家就变成一个纯粹的“文人”了，你一定要**

了解你所生活的国家。

另外，我们这儿的老师都想从中国的现实中抽象出理论的东西，这也很重要。**中国是一个伟大的实验场，给我们提供了很多素材。我们能不能从里面抽象出一些理论的东西来，对经济学、政治学、社会学等做出自己的贡献？我觉得这是北大人应该做的。**

北大人不应该再为了发表论文而发表

记者：具体做了什么贡献？

姚洋：20世纪80年代主要是引进的时代，但我们现在已经过了那个引进的阶段。进入21世纪后，我们开始建立了一种学术规范。经历了30年的准备，到今天，中国的学者应该有这个自信。中国已经提供了足够的素材，我们应该从素材里提炼出自己的理论，而且我们应该设定议题，因为以前我们做研究都是美国人设定议题，我们跟在人家后面做一些修修补补的事情。

北大人不应该再为了发表论文而发表。有些人在美国发表一点东西，发表在很好的杂志上，就兴高采烈，但这对中国有什么用呢？别的高校这样也许可以，但是我跟校长说，北大不应该就看这个。校长也要求我们，说你们文科专业的不能只看这个，不能光是论文发表得很好，但是做的研究和中国毫无关系，你们不能做这种学问。我觉得校长的要求是对的。

学术研究没有嫁接，想出新的东西很难

记者：这些研究具体要怎样和中国有关系？

姚洋：就是说，我们一定要研究中国问题，但是标准要提高一步。能不能从中国问题、中国实践里提炼出一些理论，然后跟世界去对话？

最近我和几位跨学科的老师想做这样一个学术沙龙——跨学科的学术沙龙。把一批对中国感兴趣的老师集合在一起，一起来碰撞。不用很正式的，就是大家坐在一起聊，看能不能碰撞出一些火花来。

我觉得这种跨学科的交流，对提高文科科研水平肯定非常有帮助。**因为学术研究没有嫁接，老陷在自己的领域里面，要想出新的东西是很难的。**

这些积累现在应该要到转化成成果的阶段了

记者：中国学者的学术研究现在应该从引进阶段到原创阶段甚至引领阶段了？

姚洋：对，原创阶段。我们这一批人都从国外回来20年了，大家都有了很多的积累，这些积累现在应该到转化成成果的阶段了。现在北大也给我们创造了很好的条件，比方说，我们有人文社会科学研究院，有场地、有经费支持，我们完全可以做这件事。

校长也很着急，他说："你们文科专业的人得做这件事情。"我觉得从北大开始做原创，这件事情是最合适的，北大的智力资源是最丰厚

的。我们不仅要解决现实问题，更要提炼出理论问题。

最终的竞争，是思想的竞争

记者：这对国家、民族意味着什么？

姚洋：最终的竞争其实是思想的竞争。中国的经济规模越来越大，肯定会成为世界第一，但是我们别成为“日本第二”。现在我们所熟悉的日本思想家很少，你大概能想到的，是村上春树，是一个文学家，写小说的，他也不是思想家。

中华民族是一个有抱负的民族，在解决温饱问题、实现小康之后，国家的发展肯定要上升到思想文化层面。所以刚才说到，在现代化进程中，最后还得回归文化的根。

我们的文化传统、儒家思想，深挖得不够。儒家有很多超前的思想，孔子那一代伟大的思想家，其实已经看穿了人类一万年。他们早把人类、人性看穿了，从不同侧面看穿了一万年。**我们应该把儒家传统重新拿回来。当然，怎么总结儒家文化是个很大的问题，而北大应该做这件事情。**

我们需要一批能真正融汇中西的人物

记者：那北大应该怎么做？

姚洋：有很多人否定儒家，我觉得他们既没有把西方学透，也没有把中国学透。我们需要一批能真正融会中西的人物。

现在社会上有一种思潮，就是说民国时期多么美好，民国出了许多大师。我告诉他们，**真正的大师就在你的身边，我告诉我的学生，真正的大师就在你们身边，就在我们的院子里面。**

所谓的民国大师，他们也离不开生活的“苟且”。你想想鲁迅，他头疼的事情就是怎么处理家庭生活中出现的各种复杂关系。

我们现在比他们那时候的生活要幸福得多。在所有的民国大师里，我们现在想一想，有几个真正为我们留下了思想？我们能想到的很少。

中国是可以出伟大思想的

姚洋：这当然不能怪他们，因为是那个时代的特性决定的。那个时代没有给他们提供多少素材，而且那个时代主要还是一个引进文化的时代。

但现在不一样了，我们走过了100多年，有了很多的积累。可以回过头来审视我们的文化，审视中国的道路，然后把我们的文化和中国道路结合起来。只有这样，我觉得，中国还是可以出伟大思想的。

儒家思想已经渗透在我们的血液里面

记者：怎样才能出伟大思想？

姚洋：中国要想出思想，出超越西方的思想，我觉得离开儒家文化是不太可能的，因为儒家思想已经渗透在我们的血液里面。

我不是做这方面研究的，我是做政治哲学研究的。但现在看到讲儒家思想的人，没有几个能用现代的语言把儒家思想表达对，这是很让人遗憾的事。

儒家思想要现代化，一定要跟现代化的思想结合起来。比如说从儒家思想里，能不能找到我们现代制度的政治哲学基础？2017年，我在《开放时代》杂志的最后一期发表了一篇文章，叫《人性的多样化与儒家政治结构》，说的就是这个。

整个北大应该开展通识教育的讨论

记者：姚老师，您认为，现在我们走到了今天这一步，就是引领这一步，对我们培养人才提出了什么样的要求？对我们的老师提出了什么样的要求？

姚洋：我先说老师，我觉得我们的老师要有历史感，老师不能还停留在引进阶段，一讲就讲国外的东西，宪政、自由民主等。老师应该关注中国，在讲国外东西的同时，也要说说中国是怎么走的，怎么拿这种实践来分析中国。

中国走过了这么长的路，你不得不承认，过去40多年是相当成功的。那这个体制到底有哪些优点，有哪些不足之处，你得去讲。

老师是第一位的。接下来，就是课程的设置，现在应该提倡博雅教育，也就是通识教育。这一点，我觉得北大强调得还是不够，现在各个院系还是太本位。你来我这里，就是我的学生，你就要更多地在我这儿上课，你去上别的课不行。每个学院都设一大堆必修课。我们的必修课太多了，应该减少必修课的数量，然后给学生列几份“菜单”，让他们自己去选择。

我们的老师还没有跳出这个框框，有的老师觉得，我们培养的学生一定要“专”，一定要会做实验，或者一定要会写文章。但我觉得对一个本科生来说，不应该有这样强制的要求。

整个北大应该开展通识教育的讨论，统一大家的思想，各个院系都应该减少一些专业课程。

学问到了最高层次都是哲学

记者：您为什么这么强调通识教育？

姚洋：通识教育非常重要。**其实学问到了最高层次都是哲学，都是相通的。**一个科学家，如果不懂点人文，不懂点社会科学，我估计他这个科学家不可能做得太好。反过来，一个人文学者，如果对于社会是怎么运作的一无所知，那他肯定也做不好人文学者。研究社会科学的，如果不懂一点技术，不懂一点科学，那他在社会科学方面估计也发展得不好。大学生，至少北大的大学生，要在通识教育上打基础。

元培学院的目标就是要加强通识教育。我觉得整个北大都应该实施元培学院的通识教育。元培学院做了20年，实验了20年，现在应该开花结果，应该在全校都普及。校长其实也想在全校这么做，但是推动起来很难很难，阻力很大。

留下来的人，是真爱

记者：阻力在哪儿？

姚洋：就是本位主义。所谓的通识教育就是在进入大学的前两年，大家不定专业，等到第三年才定专业。可是推行到具体院系的时候就不行了，老师们都说太晚了，如果等到第三年才定专业，学生们就会学不明白，那他以后怎么读研究生？这一嚷嚷就做不成了。

记者：如果全是通识教育的话，会不会造成热门院系人特别多？

姚洋：没关系。如果真是那样，那学历史学、哲学的，人数肯定要下降的，但是能继续留下来的人，对哲学和历史肯定是真爱，又有什么不好？

不妨去看一看，10年后还有多少学生是从事有关自己本科专业的工作的？很少很少。我就没从事地理学研究方面的工作。比如学中文的学生，你非得给他定个框框说，这大学四年必须给我学中文，这有什么意义呢？

先得给学生“脱敏”

记者：姚老师，您说怀念20世纪80年代时的北大给您的很自由的氛围，能举个例子吗？究竟是什么样的氛围？

姚洋：我觉得那种氛围跟整个社会有关系。因为那时候毕业以后包分配，大家不用担心就业问题，所以就不存在什么就业方面的竞争。不像现在的学生，就业压力那么大，像就业、升学都是跟考试的分数绑定在一起的。

在我们那个年代，保送名额很少，大家要想读研究生，基本上都要靠自己去考。当时我们班35个人，推荐三个人，都是女生，直接保送。而我们就很自由地学习，参加很多的社团，读很多的书。所以现在我们先得给学生“脱敏”，进来后就告诉学生，你不要想就业的事。因为现在大学生进入大学后，思考的第一件事情就是就业怎么样、升学怎么样、怎么样才能被保送研究生。

学生就是要拼命读书

记者： 现在的大环境，就是社会评价、就业评价，直接和升学、分数挂钩。

姚洋： 但是你看我们北大的学生，保研很大的比例是保本校的学生。既然这样，北大自己的保研标准就可以变一变。

当然说起来容易，包括国发院里要变都很困难。你要以什么作为标准呢？怎么去做呢？这些涉及很多问题，其中就有公平的问题。如果不考试，要以什么方式录取学生？没有一个硬标准能不能做成？所以现在又有了夏令营，比单独的考试要好一些。但夏令营也是根据分数先排一遍，你在班里面排10名以外，那进来的概率就很低，所以最后还是要看分数。**学生就是要拼命读书。但是我发现能读课外书的学生已经很少了，在自己专业领域之外的书他们基本上不读，因为没时间读。**

北大人一定不能没有思想

记者：就是有各种各样的课、各种考核吗？

姚洋：各种课程、各种考核给学生太大的压力，这是一件很麻烦的事。

记者：所以要实现您说的目标——培养有高度的思想家和科学家，还有很多工作要做？

姚洋：对。体制上需要改革，还需要更新观念。

记者：回到一开始我们请教的问题：北大人的特质究竟是一个什么样的特质？

姚洋：从社会来看，大家都觉得北大人第一个特质是不接地气，第二个特质是“牛”。

记者：“牛”是指倔吗？

姚洋：就是谁都敢批评，敢说真话。特别到了工作岗位上，有时，某些高校的毕业生不敢说真话，好像就北大的学生在说真话。我觉得这就是北大人的性格。**记得2006年我作为教师代表在我们院的毕业典礼上讲话，我就说北大人可以不成为送卫星上天的人，但一定不能没有思想。下面一阵掌声，说明大家是认同这种说法的，北大人就是这样的，这是我们北大人的性格。**

你很不实干，清华的学生很实干

记者：就是敢说真话？

姚洋：敢为人先，敢表达自己的思想。

比如，在一个单位里面，可能某些大学毕业的学生会说："领导交代的事我得赶紧去做。"北大学生就会说："这个我有点意见，我要把自己的意见说出来。"

当然有人就批评说，你们北大学生是眼高手低，不好用，其实这也是实情。所以对北大的毕业生，我为什么不强调就业？因为他在就业市场上，表现得没有清华的学生好，跟清华的学生一比，你很不实干，清华的学生很实干。

中国现代化的引领，这才是我们的红色基因

记者：从1898年京师大学堂到北京大学，从五四运动到中国共产党成立，北大在红色基因上是一脉相承的吗？

姚洋：这个基因我觉得一直存在。什么是红色基因？我的理解就是中国现代化的引领。党的早期创始人"南陈北李"、参加过党的一大的人，以及没参加过党的一大的先进者，他们的想法就是要推动中国的现代化。如果以这个来定义红色基因，那么红色基因一直在北大。就是鲁迅先生说的"北大是常为新的"，北大要有现代化的引领作用。

大家可以静下心来，做一些真学问

记者：北大的引领作用发挥得怎样？

姚洋：我觉得在做了，但是做得还不够。因为这个时代已经不像20世纪20年代那样了，那时候中国还处于剧烈转型之中，所以容易出现引领者。当时的社会等待着有人去引领。

而现在这个时代，是一个比较平和的时代、一个改良的时代，要出现这种很明确的引领者是困难的。但从另一方面来讲，好处就是大家可以静下心来，做一些真学问。

那个时代的人，要想静下心来做学问是困难的，社会上有那么多事情需要有人去做。为什么最后陈独秀、李大钊变成了革命者？就是因为那个时代容不得他们静下心来改良，他们一定要革命。

我们这个时代是以改良为主的。社会提供了条件，我们就可以去做一些比较深入的学术研究。**这个世界就是这样的，动荡时期是不大可能出现思想家的。因为太动荡了，大家都在奔命。**

不相对稳定，孔子怎么周游列国？

记者：孔子所处的时代，难道社会不动荡吗？

姚洋：春秋时代延续了好几百年，其实没有我们想象的那么动荡，春秋几百年，打仗没几年，其实是相对稳定的。不相对稳定，孔子怎么周游列国？

几大文明都出现了思想家，人类积累到那个时间点上，也就是公元前400年左右，然后突然涌现出那么多的思想家。

沉下心来做一些细致的研究

记者：您认为现在这个阶段，是容易出思想家的时代？

姚洋：对。要想出思想家，肯定要衣食无忧，要不怎么出思想家？想想我们古代出思想家的时候，都是经过一定变革、静下来的时候，思想家就出来了。

别的国家也一样，英国在动荡时代，出现的能让人记住的思想家就是霍布斯。后来像洛克，都是社会稳定下来的时候出现的。再后来启蒙运动兴起，整个英国的思想文化是在向上走的。现在回过头来看，这些思想家大多是衣食无忧的。他们的思想是从哪儿出来的？可以想象，几乎是大家天天聚在一起，然后产生了思想。

法国也一样，你别看法国从前好像很动荡，其实法国思想家大部分都是很有钱的。

所以现在，北大给我们创造了这么好的条件，国家给我们创造了这么好的条件，我们可以静下心来做一些深入的研究。**现在学术分工越来越细化，你不沉下心来做一些细致的研究，就不可能做出很好的研究来。**

北大人都有北大情结

记者：您为什么选择回北大教书？

姚洋：因为北大情结。北大人都有北大情结，很重的北大情结。如果回国，就一定想要回北大，我从来没想过去其他地方，其实我出国时就想着要回来。

我们那时候回来，是要下很大的决心的，因为在20世纪90年代，回国的人还非常少。当时北大中国经济研究中心还没有成立，我就想回来到哪儿去，因为那时只有经济学院，所以想着回经济学院吧，等后来光华管理学院成立了，我就回到了光华，因为我的硕士学位是在光华的前身读的，所以我算是光华的系友。再后来，中国经济研究中心成立了，我肯定回这里，因为林毅夫老师（北京大学中国经济研究中心创立者之一）是我的硕士研究生导师。

肯定是有股劲儿在骨子里

记者：北大情结是一种什么样的情结？

姚洋：这个很难说。可能就是一种惦记吧。就是因为有了20世纪80年代在北大读书的经历，当时的思想解放运动对我们这代人的影响是非常深的。

我不知道在20世纪90年代到21世纪的毕业生中，是不是还有我们那样的北大情怀，我不敢肯定。但是只要问问20世纪80年代在北大读书的那批人，他们都是有非常浓厚的北大情结的。有时候我太太笑话我，她是浙大毕业的，她说你看你们北大人，肯定是有股劲儿在骨子里。

就这么惨，但是大家还是觉得很美好

记者：有股什么劲儿？

姚洋：很难说清楚。比如当你走到未名湖，一下就能受到感染。我有一次见了一个到北京另一所大学去念书的同学，其实他当时可以上北大，但他为什么报了别的高校呢？因为当时北大要军训。结果那次他到北大来玩，一开始还兴高采烈的，说北大也就是这个样子，等到了未名湖之后，他瞬间静默。

记者：什么意思？

姚洋：夏天的未名湖很美，别的高校根本就没有这样的景致，所以我想他肯定是后悔“死”了。

有时候就是这样，北大的一草一木，你都时不时地就会想起来。其实我们那时候在北大的生活是很惨的，我用“惨”这个字形容，一点也不为过。

我还记得上学时有段经历，我们42号楼有一段时间厕所堵了，污水就泛出楼道来了，我们在楼道里面要垫着石头走。四楼堵，五楼也堵，污水就从楼缝里滴下来。我有一天晚上睡觉，睡得迷迷糊糊的，心想：怎么下雨了？一看原来是漏水了。我赶紧到楼上去敲其他宿舍的门，说你们赶紧起来，漏水了。然后大家一看，箱子全泡了。当时的条件就这么差，但是大家还是觉得回忆很美好。

不变的是北大人的思想自由、兼容并包

记者：姚老师，回顾北大建校120年的历史，确实一直在变，外部环境一直在变，内部环境也在变，但是它里面应该也有不变的东西，您怎么看这种变与不变？

姚洋：**不变的是北大人的思想自由、兼容并包，加上社会责任，或者说是家国情怀，如果不加上这个，是不能把北大完全刻画出来的。**

特别是兼容并包，这是一直没有变的东西。包括在我们院子里，你可以找出很多强调发挥政府作用的人，也可以找出特别强调发挥市场作用甚至接近“市场原教旨主义”的人，大家可以在这里和平相处，而且也可以在一起互相讨论。

我觉得这是北大非常重要的一个特征。北大说思想自由，别的学校也说，但北大这里是大家都互相包容。虽然有不同的意见，但不会成为一个问题。

再一个，就是社会责任也很重要。北大毕业生做选调生的很多，我有一个博士生就做了选调生，现在在广西的一个镇里当书记，从最基层干起。这是需要家国情怀的，他哪怕不去高校教书而是去社会上就业，我估计他现在的年收入肯定是在50万元人民币以上的。而他现在的月工资我估计也就三四千元吧。可是他就是愿意去做。

上次我跟我们国发院前任书记去了一趟黑龙江，与我们的选调生进行座谈。我发现那些选调生绝大多数都是外地人，不是黑龙江人。有些人可能会想，只有本地的学生才愿意回去，其实不是这样的。来自五湖四海的北大学生选择做选调生，都得先从基层干起。这就是北大的家国情怀，也代表了北大的一种精神。

从基层开始，就意味着要放弃很多东西。北大毕业的人，很多都是硕士生或者博士生，在现在这个人才市场上，起始工资怎么也应该是一万元以上，但你到基层去，工资就三四千元，而且可能要做很长很长时间才能冒尖儿。

记者：这个不是个案？

姚洋：不是个案，像这样的选调生，北大每年都要出好几百人。

这里培养出来的学生，研究的都是中国问题

记者：您现在还授课吗？

姚洋：教，我教很多课。一门是硕士生和博士生的课，一个星期三个小时的课，还有一门是EMBA（高级管理人员工商管理硕士）的课，集中两个月上。具体来说，给研究生讲中国经济研究，给EMBA学生讲中国经济与改革。

给研究生上的课，就是要帮助他们实现从学生到研究者的过渡。这是他们读研究生第二年的课。第一年他们学了很多理论的东西、研究方法，那怎么从一个学生过渡成为一个研究者呢？我讲这门课就用自己的

研究体验告诉他们，应该怎么在现实中观察一个现象，再把这个现象变成一个经济学的问题，然后怎么用学到的经济学方法来研究这个问题，最后上升到理论贡献。

我们这里培养出来的学生，研究的都是中国问题。博士生和“海归”是竞争的关系。他们和“海归”比，优势就在于“接地气”，直接研究中国问题，发表论文比较快。这是我们培养博士非常重要的一个优势所在。

有了这个以后，其实我们的博士生在海外就业前景也很好。我们每隔一年送一个毕业生去国际货币基金组织工作。现在世界银行也开始招我们的学生，今年还有去德国就业的，前年还有去韩国就业的。

记者：一年是30个博士生？

姚洋：不，我们博士生一年只有14个。

办教育就是要熬

记者：最后请教您一个问题：国发院算是北大改革的一块试验田吗？

姚洋：中国经济研究中心成立时，绝对是一块试验田。当时是由六个“海归”学者成立的这么一个机构。大家都拿不准，说这帮学者要做什么研究，大家都很紧张。中国经济研究中心能成立，一定要感谢一个人，就是吴树青校长，他自己是研究马克思列宁主义的。他在党政联席会上说：“你们都拿不准，我是校长，我签字算数。”他就把字签了。

后来中心成立20周年时，我去拜访他。我问吴校长："您当时怎么就觉得中国经济研究中心应该在北大成立？"他说："我们都是做马克思主义研究的，我们这些人太像了，得需要一点不同的声音，所以我就批准了。"吴校长说得特别实在，他是从中国人民大学过来的，但是到了北大后，马上就接受了北大兼容并蓄这样一个传统。

记者：成立这个中心的目的是什么？

姚洋：目的很简单，就是要提高中国经济学研究的水平。另一个目的，是要给中国经济建设献计献策。

记者：现在也有一些成果了？

姚洋：我们的成果很丰硕。办教育就是要熬，也许10年都看不到成果，但等到了20年就看到了很多成果。估计到30年时，能产生更多的成果。

北大再要往上走，一定要跨越

记者：林建华校长有一次说，北大的办学特色不够鲜明，没有完全形成自己的风格，没有在全体师生中形成或者树立足够的教育和学术自信。您认不认可这个观点？

姚洋：我认同。他说这话是有所指的。他是"老北大人"，比较了解北大的情况，知道北大的弱点在哪里。

的的确确是像他说的，至少在文科这个领域，年轻老师很多还是以发表论文为主，就是跟着文献走，别人写什么，他写什么。理科也有同样的情形。就是前面说的，我们还没有到自己能制定议题的阶段。

北大再要往上走，一定要跨越这一步，要自己设定议题，科学研究也是。我们先开辟一个领域，让别人跟着做。文科研究也是一样，我们能不能有自己的议题？然后做出一些开创性的研究来，别人再跟着做？这一点，北大的的确确还是做得不是很好。

大家互相碰撞才能产生好的思想火花

记者：那对缺少标志性成果和学术大师的说法，您怎么看？

姚洋：这个要辩证地看。在文科，我觉得这个问题不存在。这有一个怎么定义大师的问题。我刚才说了，民国的大师其实很多不能称作大师，他们是学问家，不是思想家。当然，冯友兰先生、梁漱溟先生大概可以称为思想家，这是北大在民国时期出现的两位思想家。他们是文科的典范。如果和他们比，我们的的确确没有出现大师级的人物。但是在现代社会里，因为学术分科越来越严重，所以要想出现像他们那样横跨几个领域、影响中国文化进程的人，就有难度了。

所以我现在跟几位老师做跨学科的这种研讨，不一定要把我们自己变成跨学科的人，但一定要做跨学科的交流，大家互相碰撞才能产生好的思想火花，这样才有可能出大师。

世界一流大学容易实现，出大师更困难

记者：北大要实现世界一流大学的梦想，这个梦远不远？有多远？

姚洋：越是民族的，越是世界的。**我们生活在中国，中国给我们提供了那么好的素材，我们这代人如果不利用起来，不仅对不起民族，也对不起自己。**北大离实现世界一流大学的梦想还有多远，这个很难说。就像说大师的产生，其间就有很多的偶然性因素。

首先要定义什么是世界一流大学。世界一流大学这个目标容易实现，特别是拿通常的评价体系去评的话，北大在全世界排名中在40名左右，有些排名会把北大排得更高一些。从名气上来说，北大的名气并不亚于像英国牛津这样的世界一流大学。

世界一流大学这个目标是容易实现的，而出大师更困难。大师，就意味着其思想能被世界所接受，或者说至少在中国能影响到很多人。

务实主义流淌在我们中国人的血液里

记者：就中国人来说，对全世界影响最大的大师是孔子吗？

姚洋：孔子不能用“大师”来称呼，用“大师”来称呼他，是侮辱他。孔子是圣人，是柏拉图式的人物。提到柏拉图，人们一定都带着一种崇敬的心理。大师不一定要被人崇拜，但对圣人是要崇拜的。

记者：您最近研究的课题是什么？

姚洋：我研究的课题是中国的智力结构，属于新政治经济学。研究

这个问题，会涉及一些哲学、政治学的东西。我找了一些合作者，比如与研究中国哲学的学者合作，重新阐释儒家。

我跟合作者还在做另外一个工作，就是用孔子的人性论来阐释中国的务实主义。务实主义流淌在我们中国人的血液里，没有务实主义就没有改革开放。但是很少人去研究务实主义、中国的务实主义，这是一个很大的缺憾。我觉得从儒家的思想里是可以推出务实主义的，或者说儒家思想总结了我们的务实主义。

还有一个题目，就是所谓的人治的问题。以前一提人治，就说不好，实际上制度不是完备的，还是要靠人治。孔子的思想其实是为这个提供了基础，当然它也要有个平衡。

这些是理论的探讨。我还在做一些实证研究，我和两位年轻老师一起收集了从20世纪90年代初期到2017年市级以上官员的贤能机制研究数据。奖励贤能是中国的传统，从西汉开始就有了这样的传统。我们从中发现，表现好的官员升迁概率相对就要高。

每一代人都在创造每一代的奇迹

——与北京大学国家发展研究院BiMBA商学院院长陈春花面对面

导 言

30多年来，她始终保留“老师”的身份

一间约10平方米的平房，两边的墙都是书柜，不大，却错落有致。

眼前，是一位随和知性的学者。她和我们谈北大，谈国发院，谈做老师，谈个人经历，谈“手比头高”的名言，谈女性企业家，谈出书多的原因，谈商学教育的挑战，谈“新型企业”……

这就是著名的管理学者——曾经在华南理工大学工商管理学院、新加坡国立大学商学院、南京大学商学院、新华都商学院、北京大学国家发展研究院等学校担任课程主讲老师，却又在山东六和集团出任总裁，在新希望六和股份有限公司出任联席董事长兼首席执行官的陈春花教授。

见到陈春花，是在2018年4月春暖花开的日子里，在北大朗润园古色古香的院子里。这位知名管理学者曾经“下海”担任过企业高管，是位具有传奇色彩的学界人物。在2016年、2019年陈春花两度被《财富》杂志评为“中国最具影响力50位商界领袖”，她是其中唯一上榜的学者；2015—2018年她连续四

年被《财富》杂志评为“中国最具影响力25位商界女性”；2015年，她还入选《福布斯》“中国商界女性100强”的“TOP10”。

她的多能和对企业组织的长期跟踪，以及一些给人启发的文章，引发了不少人的关注……

没有想到的是，在后来，当她一进北大的朗润园时，就被这园子里的环境深深吸引了，而后成了北大国发院管理学教授、王宽诚讲席教授、北大国发院BiMBA商学院院长……

没有想到的是，她最早跟踪的企业案例研究，竟然已经做了30多年，而她始终保留“老师”的身份，也已长达30多年……

没有想到的是，她的著作如此丰富：《共生》《激活组织》《激活个体》《领先之道》《改变》《共识》《大学的意义》《高效能青年人的七项修炼》《中国领先企业管理思想研究》《经营的本质》《管理的常识》《成为价值型企业》《超越竞争》《中国管理问题10大解析》《回归基本层面》《争夺价值链》《科研团队管理研究》《企业文化塑造》……令人应接不暇。

没有想到的是，作为理性思维很强的管理学者，她竟然为北大建校120周年写了一首充满感性的歌，而且还请著名音乐人胡海泉谱了曲子……

面对镜头，她不疾不徐，还主动送给我们她自己写的书——《激活个体》《领先之道》，并一一耐心签名。

小细节折射大智慧。大家对陈春花教授共同的感受是：这是一位智商很高、情商同样很高的女性和睿智的管理学者。

跟北大的缘分，源于我自己的研究

记者：是什么样的缘分，使您成为新北大人？

陈春花：其实我跟北大的缘分，还是源于我自己的研究。我自己一直专注研究中国企业怎么能领先、有没有可持续性发展的问题。30年，我一直持续专注在这个话题上。

这个话题延续到现在，遇到了一个非常好的时间点——就是世界也很希望了解中国。可能因为有这个研究背景，所以我的研究才有机会跟北大一些课程进行组合，包括之前和光华的EMBA课程做了一些组合。后来有机会认识了姚洋等老师，他们认为我的这个研究方向比较符合国发院的特点。

记者：什么是国发院的特点？

陈春花：这里的老师们一直专注于用全球视野来看中国问题，而且专注于去解决中国问题。他们觉得我的研究方向非常适合这里，所以姚老师就邀请我，说要不你来朗润园看看，看看你喜不喜欢这里，或者适不适合这里。我之前其实蛮犹豫的，因为北大在我心中的位置是很高很高的。我觉得，我虽然很努力，但离进北大还是有差距的。

邀请持续了很长时间，大概有两年的时间，后来我就觉得应该去北大看看。当我第一次走进朗润园，我就觉得，哎呀，这个地方好独特！**朗润园的样子，就是我想要看到的中国大学的样子。中国的大学，就应该是这样，有非常浓厚的文化底蕴，但是又融入现代生活里，站在时代**

的高点上。所以踏进园子的那一瞬间，我就觉得确实应该来。而且在这个地方，可以跟林毅夫、周其仁等老师在一起工作、交流，这是我真的特别想要的机会。

凋谢，是为了下一次的盛开

记者： 即使北京有雾霾，您也愿意从南方来？

陈春花： 第一次到朗润园的那一天，天气特别好。

进来之后，我觉得朗润园有几个很独特的地方。这里有非常多不同季节的花，像你们这次（4月）进来时，园子里的海棠开了，前几天的时候是玉兰花开，再往前是迎春花开。等海棠开完后，牡丹开，牡丹开完后，从我的办公室里望出去，这棵石榴树会开花，所以**这里是一季一季的花开，一季一季的灿烂。我觉得，这个很像我们做学问或者做研究所要表达的价值。这个价值就在于，你要释放你的生命力，同时你必须跟这个环境相匹配和融合。当你盛开时，你就要呈现最好的方式，但是当你凋谢时，是为了下一次的盛开。我觉得这可能就是生命本身的意义。**这也是我们做研究特别是在中国做研究的意义。所以我就因为这个园子，因为姚老师、杨壮老师等人，因为他们对于我的研究的理解，让我有了跟北大的这个机缘，从而成为一个北大新人。

我始终保留一个身份，叫“老师”

记者： 您原来在其他高校任教过，现在已经从教32年了。和其他学校比，你觉得北大的特点和特质是什么？

陈春花：第一，就大学本身来讲，所有的大学是蛮一致的，都有知识殿堂的感觉，所以你会发现，回到大学，人会很安静。我觉得，大学给我最大的帮助就是可以让人静下来。第二，我觉得**大学特别好的地方，就是你可以一直跟年轻人在一起，这也是我一直不太愿意离开学校的原因。虽然我一直在，也一直有机会在商业里去做一些尝试，但是我始终保留一个身份，叫“老师”**。保留它的一个很重要的原因就是，你可以跟年轻人在一起，你遇到的都是年轻学生，当你能够跟年轻人在一起，就可以保持“常为新的”概念，就像鲁迅当时说的“北大是常为新的”。

大学还有一个特殊的地方，就是它永远都是要引领时代的。它不仅仅是一个传播知识的地方，它更是一些有志向、有理想的人聚集在一起的地方，大家为知识而来，更为引领时代而去。这也是我觉得大学特别好的地方。这些在浅层面上的“特殊”之处，一般的大学都有。我工作过的几所学校，包括华南理工大学、新加坡国立大学，都给我非常美好的感觉，所以我很愿意当老师。

包容的独立性，应该是北大很独特的一个地方

问：那北大究竟有什么不同？

陈春花：**第一，北大的不同，就在于它的独立性。也就是说，在北大，无论是学生还是学者，你都可以独立思考、独立研究，独立表达认知、判断和思想。这个地方有很包容的独立性**。就像在朗润园里面，每

个老师取得成就，我们都会特别开心，我们觉得，我们就应该给他鼓掌，因为他有独特的见解。**有一次，我跟一位年轻老师聊天，他说他觉得在朗润园、在北大，最好的一点，就是能安静地做自己的事情，努力去获取独立见解，然后大家会热烈地为他鼓掌。**我觉得，这个就是北大特别好的地方。这种包容的独立性，应该是北大很独特的一个地方。

第二，你会发现，在北大，无论是老师还是学生都有很强的家国情怀，很强的使命感和担当精神。我来北大快两年了，在近两年的时间中，我发现每次对一些问题的讨论，北大师生都不会站在一个“很小我”的角度上，而是站在“很大我”的角度去看，这就是一种家国情怀和担当精神。这是蛮独特的，而且会让我们在“推动进步”这件事情上很用心。其实我们上一门课，就希望这门课能推动社会进步。

不仅有非常多的知识，更面对真实的问题

记者：您能不能举个例子？

陈春花：比如在20多年前，六位海外学子归来后创立了中国经济研究中心，后来发展成国发院。我来国发院的时间很短，听别人讲当时的创办故事，最深的感受是，这些海外学子跟中国的改革开放直接互动，这种直接互动包括我们对于国家大的宏观政策的理解、对中国国情的理解，我觉得这是比较难的一件事。无论是讨论农村改革，还是讨论供给侧改革、金融创新、区域创新力、医疗卫生健康、养老、人口等话题，国发院的教授都非常了解国情。这恰恰就是朗润园吸引我的地方。

在这里不仅有非常多的知识，更能让人清楚地面对社会存在的真实问题，让人有一种担当和情怀。

这种担当和情怀，不只是停留在口号上，而且作为学者针对问题真真实实地能给出答案，实际上这些答案有很多已被国家宏观决策部门采用了。**在这里，我看到作为一个学者能担当的责任，我觉得这是北大人蛮独特的一个地方，就是有一种家国情怀、使命感和担当精神。**

做老师最开心的事情，就是遇到非常优秀的学生

记者：还有别的原因吗？

陈春花：第三，我觉得北大另外一个比较独特的地方，就是它真的是蛮自由的，是学术探讨的自由、交流的自由。还有，就是你要去研究的这些问题，学校会非常尊重你的研究。这其实是很独特的。

当然，在北大还有一个独特的地方，就是你接触到的学生很优秀。这也是它不同的地方。**其实做老师最开心的事情，就是遇到非常优秀的学生。而在北大，遇到的学生的的确确都是非常优秀的。**

记者：现在您教的学生，主要是哪一类？

陈春花：主要是研究生和EMBA学院的学生，从2017年开始也有本科生。我们商学院的学生都是硕士研究生以上。朗润园是一个非常好的地方，这些学生都是很想来学习的，他们有社会实践经验，但是他们能进到朗润园里来学习、讨论，这非常好。

对本科生，我们有开放日。虽然我不教经济学，但我们也有机会跟

本科生在一起交流。他们都非常优秀，这时候，作为老师的那种幸福感就会不自觉地冒出来。

在最平常之中可以发现美

记者：自从2017年您当了商学院院长后，给每一个MBA学生都配了一位一对一的企业导师？

陈春花：对。一对一的企业导师。我们每年都在配导师，并且数量越来越大。我做这件事情，有两个原因，一个是读MBA的学生一般都是很优秀的年轻人。一般来说，他们都是在工作了几年后才沉下心来考虑自己是不是要继续读书。这个时候想要读书的人应该是两种情形：一种情形就是遇到了迷茫，不知道再往下应该怎么走；另一种情形就是他希望有更大的作为，所以回学校可以让自己的能力变得更强，也让自己更加充实。

在这两种情形下，我觉得都需要一个很特殊的帮助，就是为他们配备职业导师，但并不是因为他们自己不能选择职业。

其实我是受到了一个人的影响，让我决定要一直当老师的，这个人就是我的初中班主任宁齐堃老师。我是在比较偏僻的地方长大的，在黑龙江齐齐哈尔市的一个区。那个地方很小，而且是一个以农业为主的地方。可就是因为遇到这个老师后，让我懂得了一件事情，就是在最平常之中是可以发现美的。

我常常会跟她“对话”，虽然她已经不在了

记者：“在最平常之中是可以发现美的”，怎么理解这句话？

陈春花：**发现美这件事情很重要。因为当你能发现美的时候，你就会有很积极的心态，你就可以有很好的创造力或者想象力，你可以很安然地跟环境相处，因为你总是可以发现美的东西。**

就像我进朗润园这个园子时，其实我的第一个感受就是这里的花实在是太漂亮了！再加上红色长廊，加上周围环境的一切，就会觉得整个园子都特别美。

“发现美”这件事，就是我的初中老师宁齐堃老师带给我的。虽然她现在已经不在了，但我常常还会跟她“对话”。我觉得，无论处在多么纷乱的环境中，或者无论遇到多大的挑战，当你能够跟一个人真正进行心灵对话时，你是可以释放很多东西的。

我想，**每个人其实都应该找到自己心灵上的老师。虽然我不知道职业导师会不会成为每位学生进行“心灵对话”的对象，但至少每个学生都有机会跟某个人讨论他的职业生涯、他的成长，这是纯粹靠钻研书本做不到的，纯粹靠听老师讲课也是做不到的。要真实地解决问题，就应该找个职业导师。**

看一个人是否成功，最重要的标准是他帮了多少人

记者：职业导师是用自己的人生智慧帮助学生吗？

陈春花：一个人最大的成就，不是你取得了多少成绩，而是你能付出多少东西。我看一个人是否成功，最重要的标准是他帮了多少人。

假设我们提供一个机会，让一个在职业上有收获的人去帮另一个人，那么他的人生成就和体验就会得到延伸，同时也可以帮助他去感受人生成功的另外一份美好。

基于这个想法，我们给几百个年轻学子找了几百个已在职业上成功的创始人或者职业经理人。他们能帮助别人，其实对自身也有很大的促进作用，而且当你长期陪伴一个年轻人时，自己也会变得年轻。

当这个设想提出来后，落地实施比我想象的要快。我原本是说从2017届储备一段时间后再开始，实际上2016届就已经开始了，整整提前了一年。我们找的职业导师，一半是校友，另一半是企业界的管理者，很快就都召集到了。首批2016届的学生，我们给他们配了148位导师。2017届所配的导师差不多也是这个数，现在加起来有300人左右。

就现在来看，效果是蛮好的，学生们进步很快，导师们也觉得非常好。其实陪着学生一起成长，对导师也是非常好的历练。我很感谢这些企业导师，感谢他们的参与。

把这两者结合，就会有更多的企业以更大的幅度、更快的速度成长。

记者：看过您写的关于林毅夫老师的那篇文章，说改革开放以来，有几代理想主义者，如果说有六代，您是“第五代半”？

陈春花：林毅夫老师说他是“第五代半”。我只是个研究学者，还在努力的过程当中。我们希望能成为一个真正的知识分子，推动社会进步，完成知识分子的使命。

我一直说，要坚信理论的价值。这是我非常坚持的。其实很多时候，包括在商学院教育中，课程有没有用、知识有没有用、教授有没有用，对这些事情的评价，社会一直都有不同的声音。**我是一直坚持理论的价值：理论一定是可以指导实践的。我一直保持对理论的敬仰，对理论有非常深的“确信”。**

我对实践也是敬仰的，因为商学和管理学在很大程度上是要回答实践问题的。很多企业的实践实际上走在了前边，就像你的这本书——《领跑力：企业、城市和国家的引领之道》，和我写的这本《领先之道》，我们实际上是从不同的角度来观察那些真正的中国领先企业：他们在实践中创造了价值，再把这些实践价值回馈给其他企业，那么就会有大批的中国企业涌现出来。其实这也是我的梦想。

我们敬仰实践的价值，也要相信理论，把这两者结合，就会有更多的企业以更大的幅度、更快的速度成长。

林毅夫老师说的六代知识分子理念，我是非常认同的。所以当他从教30年的时候发起征文活动，我想，我虽然不能够写出很深的东西来，但是看到一个老师花了30年的时间去努力构建自己的理论体系，我一定要对他表达这个敬意，于是对此我写了一篇文章。**我很认同知识分子的使命，不过我还是要说，应该把理论的价值释放出来，而且坚信理论是有价值的。**

大学是一种精神归属的地方

记者：能不能说北大是一个从中国古代士大夫到近现代所有知识分子的家园？

陈春花：我还不敢评价，应该是吧。因为我来的时间比较短，也还在理解北大。从大学本身来讲，它应该就是一种精神归属的地方。比如我们最近讨论比较多的是在线教育，讨论它会不会对学校教育有所冲击。有朋友跟我说，包括一些做在线教育的创始人跟我说，其实大学的围墙是可以被拿掉的。我不大同意这样的观点，于是就邀请他们来学校走一圈，我说，你到这个有围墙的地方走走，或者拿掉围墙你再走走，这两种感觉是不太一样的。

北大设立时，是中华民族很特殊的时刻，在那个时刻，中华民族要找一条新路：过去的路走不通，必须有新路。这条新路就希望通过大学走出来，于是就有了北京大学。北大的120年是很独特的，它的独特就在于，它其实一直在随着民族的进步而进步。

我个人对北大的感受，还需要时间，可能还需要在湖边走走，在树下转一转，再跟更多的学者交流交流，这样才能让自己的思想慢慢沉淀下来。

所以我要说，在线教育虽然方便了学习，但是当学校的文化要嵌进一个人的精神时，还是需要有校园的。校园本身就是学校文化的载体，所以才有“大师”“大楼”之说，这两者是缺一不可的。

大学能给予一个人两种东西

记者：您在2016年从教30年时出过一本书，叫《大学的意义》，您能否概括一下，大学的意义究竟是什么？是育人吗？

陈春花：大学的功能核心是育人，就是培养人。大学还要服务社会，要走在科技创新的前沿，推动社会进步，更重要的是它需要彰显文化。现代大学承担了这些功能，当然其核心还是培养人。

当时写《大学的意义》这本书，是因为我一直很喜欢在大学当老师。那时我想，既然已经从教30年了，就应该给自己一个礼物。我写的所有书，都可以说是为别人写的，只有这本书是写给自己的。因为我感恩大学给我的帮助，我在从教30年的过程中，是大学一直在帮助我。

大学的意义，最主要的就是可以让人具有一种内在的特质。在我看来，大学不会教你去从事哪个职业，但是它其实可以教你胜任任何职业。为什么？因为大学可以改变你的整体素质。

大学有那么多的功能，但是我自己一直认为大学其实有两个最重要的特点，也是我们非常需要感恩它的。第一个是它培养了信仰。就是经过大学学习后你对一些东西很笃定、很确信，这就是一种信仰的力量，甚至当遇到很大变化时，你依然可以去相信一些东西，这是大学可以给予你的。**第二个是大学可以培养习惯，良好的学习习惯、生活习惯。**

我很感恩这两点，比如**我很确信知识，相信知识有它独特的价值，我很确信每个人只要努力就会有回报，我很确信在任何的事物上都可以**

发现美。这些其实都是教育给我的。

所以我才在书里面说，**如果你很好地读了大学，真正把自己放在大学里面，而不只是简单地学习，或者随便打发在大学里的四年时间，这时，你就会在大学的学习中，得到思辨的能力、想象的能力，并且你会真的懂得爱。**你就会形成一些世界观、价值观，从而影响你的性格。所以，从不同大学毕业出来的学生，他们的风格是不一样的，这是蛮有意思的事情。

写歌：北大人是比较能够代表大学人的

记者：那北大的意义是什么？

陈春花：我是一个比较“贪玩”的人。我在想，北大已经120周年了，我能为北大做些什么东西？最后我决定要为北大写首歌，歌名叫《大学人》：

那一年的开始　要离家　盼闯荡
只有未知想象　忐忑中　步殿堂
兢学业的日夜　在争论　时激昂
以探求用坚韧　得生长

穿过了无知的蛮荒
肩负五四重量

迷茫坚定　内敛张扬
用思考指引远航

穿过了无知的蛮荒
感受冬色苍凉
再难路途　无须惧怕
用理想照进现实
用自心架设桥梁

不知道什么叫天高地厚
只知道问学路漫长
不虚度年华　用心丈量
心始终信仰
沐浴仁爱之光

不知道什么叫天高地厚
只知道问学路漫长
不虚度年华　努力成长
心始终信仰
智慧源远流长

正巧胡海泉是我的学生，是国发院EMBA的校友，所以我请他为这首歌谱了曲。这首歌在北大五四晚会的时候由北大教工合唱团合唱。其实这首歌就是我对北大意义的理解。我觉得北大人是比较能够代表大学人的，所以歌名就叫《大学人》。

我觉得北大的第一个特点，就是在理想和现实之间能够架设起桥梁。很多时候，我们实际上会把理想和现实分开，但是北大很在意这个，所以它一直能与这个时代做很好的呼应，一直要求自己朝向未来。这是我觉得它蛮独特的一个地方。

当然，北大人也会有迷茫，但是北大人很坚定、很张扬、很内敛。我觉得这四个词能够体现出北大人的性格，这也是一个大学人应该有的特点。北大人相信智慧之光、科学之光，更重要的还有仁爱之光，就是“善”的部分。它尊重个体、尊重独立，北大“善”的部分是很强的，由此它才可以包容。

歌词的开篇是这样写的：“那一年的开始，要离家，盼闯荡。”在学习和做学问的道路上，你会遇到很多的挑战。**北大人很特别的是，他们穿过的是无知的荒芜，但是身上背负着五四的力量，他们把这个力量真正嵌到内心里面，然后用智慧之光，把理想和现实的桥梁架设起来。**

记者：五四力量是什么？

陈春花：就是说，虽然你是年轻人，但你可以担起民族大任。我觉得可以从这个角度来理解。

大学人应该就是这样：更多的是为理想在努力，但又没有脱离生活

记者：我们跟燕京学堂院长袁明老师聊了一下午，她是绍兴人，她的祖辈，是绍兴“三味书屋”的创办人，当年和蔡元培先生一起，挑着一根扁担离开绍兴出去闯荡，扁担一头挑的是书，另一头挑的是铺盖，就像您刚才说的意象。

陈春花：是的，我开头就是这样写的。其实我发自内心地觉得，大学人应该就是这样：更多的是为理想在努力，但又没有脱离生活。

所以如果说北大的意义，它应该更能代表大学人的意义，它不仅是一所学校的意义。从这首歌的歌词里，大概能表达出我对北大的感受。

“手比头高”，就是你愿不愿意持续努力

记者：外界可能对北大人还是有一种误解，就是觉得北大人“眼高手低”，可能不太接地气。不知道您有没有这种感受？

陈春花：我倒没有特别深的感受，可能是因为在朗润园里，国发院的老师都是眼高手也高，他们是用全球视野来解决中国问题，的的确确是很富有智慧地拿出了非常符合中国国情的方案，所以在这里我没有这个感觉。

对“眼高手低”这件事情，我也有自己的看法。我认为，恐怕还是“眼界”要高一点，就是人要仰望星空，这是蛮重要的。所以对所有

"眼界"比较高的人，我还是蛮尊重的。那么，手可不可以也跟着高起来，取决于你愿不愿意持续努力，我经常说，"手比头高"，就是你愿意持续努力。

很多时候，我们发现"眼高手低"的原因，就是缺乏耐心，没有坚持。如果一个人有那么高的"眼界"，又愿意持续努力，我相信"手"也会高起来。

不能说北大人"眼高手低"

记者：这是您的座右铭？

陈春花：我对自己的要求就是"手比头高"。跟年轻人在一起时，他们问我："你对年轻人最想说的话是什么？"我说我不太能对年轻人说什么，因为现在的年轻人太厉害了，我说我只能跟他们学习。他们说："不行，你必须说一句。"如果必须说一句，那我会说："你要耐得住，你要给自己时间。"

因为现在的年轻人"眼高"的速度是很快的，因为他们拥有了能力、知识，包括对新技术的理解。他们实际上是数字化的原住民，而我们这个年龄的人不是，我们对数字化这些东西天然是有点怕的。但是从"90后"开始，他们其实是数字化的原住民，好像两岁就可以用iPad了。

所以，他们"眼"高是因为他们看到的世界是站在一个更高的点上看的。"手"怎么做？我觉得应该给他们时间，然后再做判断。**其实我**

们对年轻人应该宽容一点，给他们时间，不要这么快贴标签，不要这么快下结论。我觉得，如果从长时间看，每一代人都在创造每一代的奇迹，每一代人都在承担每一代的使命。所以从这个角度看，是不能说北大人“眼高手低”的。

敏锐性：取决于你要有一种创新的动力

记者：您在朗润园近两年的时间里，能不能感受到北大始终有一种蓬勃的动力，就是那种改革创新或者敢为天下先的精神？

陈春花：能！我来北大后，有几件事让我印象深刻，其中一件事情就是网约车。共享汽车对整个交通出行有了彻底的改变，那时候我看到老师们对此进行很积极认真的讨论，并在其中不断跨越自己的学科知识。又比如说供给侧改革，究竟应该怎样真正理解。最近最大的事情是中美经贸摩擦，我们有的老师很早就在讨论中美贸易之间会发生什么，在课程里也提醒大家要注意这个变化。

你会发现大家对新东西、新事物，甚至对未来的一些变化有这样的敏锐性。这要求人们必须要有一种创新的动力，一种真正呼应时代的内在力量，才能做得到。如果没有这些东西，就不会有这样的敏锐性，也不会在事情出来时，有一个更理性的声音、一个更客观的判断，来跟大家做这方面的讨论。

花很大力气研究互联网对组织管理的冲击

记者：这就像您讲述的，是一种“巨变时代的组织管理”？

陈春花：是的。在这个巨变时代，国发院老师们的知识更新、研究的前瞻性，还有对这种变化的敏锐性，尤其对变化的规律和理论的敏锐性，是很明确的。

包括我自己的研究，大概是在2013年后，我花了很大力气在研究互联网对组织管理的冲击。因为我自己是做组织研究的，我发现，传统的组织实际上是比较讲究科层制的，分权、分责，比较讲究这个。但是互联网企业更强调柔性变化、互动，给更多人平台和机会。

可是我们没有有关的组织理论来总结这个问题，所以我觉得这是我要总结的，于是我就会花很长时间到这些新型企业中去。但我之前都是跟传统的大企业在一起，**我在五六年前掉转了一个方向，跟这些新型的企业在一起，试着去理解它们，看它们怎么变化，看它们组织上的改变是什么，之后提出了一些观点，**而这些观点也帮助了很多企业。后来我出了两本有关的书，一本是2015年出的《激活个体》，还有2017年出的这本《激活组织》，接下来还会继续出。

总结这个问题的目的就是想告诉大家，**技术使组织管理发生了非常大的变化，这些变化是需要理论来总结的。领先的企业可以用实践来回答，但如果你能用理论来对这些实践做出总结，更多的公司就不用再走弯路，就不会消耗更多的成本。**

从组织管理来讲，如果人在组织中没有意义，这在管理上是非常大的浪费。今天组织变化这么大，没有一个理论去回答和总结是不行的，可能就会使很多人在组织里的存在变得没有意义。所以这也是我们在商学教育里加上了“知行合一”的原因，因为今天的“行”跑得比较快，我们的“知”和“行”必须合一后，才能帮助到更多人的“行”。

所以我们企业管理走到今天，我们最早比较强调“中西”，也就是强调国际视野。最近两年，我跟杨壮等商学的部分老师商讨说，现在需要的是八个字：中西合璧，知行合一。

这就是你刚刚说过的问题，**这种创新的动力、不断创新的激情，真的就在北大校园里，在朗润园这个园子里，并且非常明显地存在着。**

白天看，晚上写，现在基本上形成习惯了

记者：企业往往走在理论前面。所以我们近年在新闻报道中采访了很多在一线的企业家，尤其是创新型的企业家，也更多地倾听了企业家的意见，反映了企业家的声音。

陈春花：我一直以来工作强度都很高，因为我选了一条特殊的路，就是把研究放在实践中。

我们很多研究是放在书斋里的，通过文献进行研究。但是管理学科太特殊，就像你刚才说的，企业的很多实践是先行的，我们在企业先行的过程中要寻找规律性的东西，然后再把它上升为理论。

实践先行的部分是企业家在做，我们必须去跟进。30年前我确定自己的研究路径时，就选了这条把研究放在实践中的道路，因此有一大半的时间都花在了企业里，花在了市场调研里。

所以**我一直以来的工作强度都比较大，而且每天还要不停地思考、看书、写东西。这也是我出了这么多书的原因，因为我每天都在写，写书和思考是我的一个习惯。白天看，晚上写，现在基本上已经形成习惯了。**

商学教育走到今天，遇到了两个大挑战

记者：到北大以后还是这样？

陈春花：到北大后，强度还要大一些。因为我又有了一个任务，就

是跟商学院的同事一起，把商学课程与时代特征结合起来。因为商学教育走到今天，遇到了两个大挑战。

先说第一个大的挑战。之前都是以工业化为基础来设计商学教育的，以工业化为基础，就是用分工和流水线，把整个企业的构成要素分开。比如战略、营销、财务、人力资源、组织，这些都是拆开来讲的。

所以整个商学教育是围绕着工业化和西方的管理理论、优秀的西方管理案例来讲的。大概从1992年开始，工商管理教育出现，我们把这套逻辑引进来，走到今天又遇到了挑战，就是**现在整个商业已经不再是以工业化为基础了，而是以数字化、互联网技术为基础的，**这个时候商学教育就不能再这么拆开来讲。

你会发现一个问题，既不是战略问题，又好像是战略问题。也就是说，认知、分析和方向正确就行，关键是在执行上。这个问题不是一个单纯的战略问题。比如阿里巴巴这样的企业，当它决定进入传统行业时，在更大程度上，你会发现它实际上是产融结合的，然后再把新技术放进去。它对传统的行业都进行了重新定义，这样的话，行业原有的经验就没有用了。

商学教育的挑战，在于整个市场已不再以工业化的逻辑为基础，而是以数字化、互联网技术为基础，这对课程就形成了巨大挑战。我也恰恰是在这个时候来到了国发院的商学院，和其他老师一起重新来调整课程。

第二个挑战是什么？大部分商学教育以前沿用哈佛的方法，也就是用案例来教学。但是**今天的数字化带来了重新定义，产生了太多新型商业模式和新型组织模式。所以，历史案例不适用了，不能回答现实问题了。这就要求我们的教学安排要有动态案例，就要跟现在的企业组合在一起，引进更多的实践型教授，把课堂带到那个场景和驻地去。**我们还要给更多的学生创造机会去做交流，这也是我在商学院创设“企业导师”另外的一个原因。

特别幸运地遇到了两个人

记者：具体怎么做起来的呢?

陈春花：商学的教育要调整，而我恰恰在这时候承担了院长的责任，这就必须投入大量的时间。

我自己又特别幸运地遇到了两个人，一个是陈发树先生，他有非常大的善意，他很愿意对教育领域进行捐赠。他捐赠了一个新华都商学院，使年轻学子、贫穷学子有机会读大学。我也是因为作为新华都商学院的创始教授，而认识陈发树先生的。

北大国发院是研究中国问题的，旨在让世界了解中国，当我来北大国发院时，陈发树先生也表示愿意支持，于是他就在这里设了一个“发树基金”。这是一个非常大的善意。我当然也希望他们的企业能走得更好，所以我就很愿意陪同他的企业一起走，但这就需要我把时间投入进去。

另一个就是“木兰汇”。我自己是一个女老师，我一直很清楚地知道，**女性在商业系统中的挑战更大，挑战不在于市场给不给她机会，而**

在于她比男性更孤独，她更需要平衡好生活与工作的关系。这是女性在商业系统中更难的一个地方。

给女企业家“赋能”

记者：两大挑战，您是如何克服的？

陈春花：我自己在新希望六和公司任职后，在调整企业方面比较有成效，在商界拿了很多的奖，其中有《福布斯》的、《财富》的、《中国企业家》的。

《中国企业家》杂志成立了一个“木兰汇”，颁发的女性商业奖叫木兰奖。我就认识了这么一群人，包括《中国企业家》杂志社社长何振红。认识她们后得知她们一直有个想法，就是给女企业家们“赋能”，让她们在事业上更有机会去沟通，使她们不那么孤独，能够更好地平衡好生活和家庭的关系。

国发院为此设了全球首个专注于女性领导力的领导力研究中心，即木兰学院。学院由北京木兰汇公益基金会发起创立，由国发院负责教学与教务。

这是领导力研究中心的一个项目，是要在八年时间里免费培训5000个女企业家。我们设了三种班。第一种叫领袖班，培训企业市值或估值100亿元以上规模的女企业家，希望她们的企业可以冲进1000亿元市值。要知道，在国内，以女性做领导者、过千亿元市值的企业是少之又少的。第二种班叫新领军者营，35人，人选是企业估值在100亿元以下、

20亿元往上的女企业家。第三种是创业班，培训者是企业市值在1000万元到2亿元的女性创业者。这项工作的进展，在目前看来还是很顺利的。

工作量大了很多，但是很开心

记者：做这件事，得花不少时间吧？

陈春花：对女性企业家的帮扶，使我们能实现很好的理想，学院和北大都给了很好的支持。何振红和我以及木兰汇公益基金会、国发院一起把木兰学院做起来，这是大家要花力气去做的一个项目。

我也很希望陪同一些女企业家的企业前行，帮她们做得更好，双方互相帮助，之后把技能再回馈到5000个女性企业家身上，帮助她们成长。我很希望女性领导者的企业能有更好的成长，这些都是我之前的工作范畴里没有的。

工作量大了很多，但是很开心。因为我觉得这些事情对一个学者来讲都是很幸运的。**你可以见证成长、陪同成长，还可以让知识发挥价值。更主要的是，你能通过跟她们在一起而使自身也得到更大的帮助，无论是你对善的理解，还是对知识的理解，都能更进一步。**

大学一直跟这个时代连在一起

记者：《京师大学堂章程》里有三句话：激发忠爱，开通智慧，振兴实业，在现在看来不过时吧？

陈春花：不过时。我们就在这样做。尤其是回归到商业逻辑上来，这三句话更是需要去做。

所以大学很独特，它跟时代、社会之间是完全互动的。以前有人说大学是象牙塔，我不这么理解。我认为，大学其实是一直跟这个时代连在一起的。

这个时代更需要智慧

记者：北大校史馆里有一句话，就是李大钊说的：“只有学术上的发展，值得作大学的纪念。只有学术上的建树，值得‘北京大学万万岁’的欢呼。”林建华校长承认，北大还是缺少标志性成果，还有其他不足之处，不知道您认不认同？在您眼里，北大有哪些不足或者短板？

陈春花：这可能跟时代有一定关系。比如说大师的产生和时代有关。今天知识的迭代非常快，这时我们可能就不再用“大师”这个词了，可以换个词，但是用什么词还没有想到。

这个时代更需要智慧。现在它可能很难用一个人去做标志，以前是可以的。因为现在跨学科、跨界、技术融合，都在飞速发展。我常常在商业教育里讲，**今天对大家最大的挑战不是技术创新，而是技术创新的普及速度非常快，那么相对来说很多东西的淘汰速度就非常快。**所以我觉得，如果还用“大师”这个概念，可能有点难度。因为他需要太多的跨界和融合的智慧，可能会产生另外一个称呼，但是目前我不知道是什么。

他更应该是集合智慧的，也可能更多的时候是一个团队。在这一点上，北大现在走在正确的路上。它设立了非常多的跨学科研究所、研究院，甚至和地方在一起合作。像农业研究院就是跟山东省政府合作，因为我自己在农业企业待的时间很久，就很在意这件事情。我觉得这件事情是对的。**如果能不断地进行跨界、融合智慧，我相信就会有很多标志性的成果出来，我对未来有信心。**

往后看，会有非常多的机会可以呈现出来

记者：真这么有信心？

陈春花：因为标志性成果跟三个因素有关。一是国家经济基础，因为所有成果都是要被验证的，需要有其他的投入。**就像对“中国创新”**

我没有特别担心的地方，就是因为现在国家对科研创新的投入一直在增加。有这么高的投入，有这么多优秀的人才回流，内部还培养了这么多人才，加上巨大的社会需求，那创新的东西肯定就能出来。经济基础和综合国力，我觉得我们现在已经有了。

二是有机会获得世界话语权。之前因为你没有话语权，所有成果都要被别人证明是行还是不行。可能你连沟通的机会都没有，但我们现在有机会沟通了，有沟通就能平等对话，所以现在这个机会也来了。

三是我认为非常好的，是更多年轻人的成长速度非常快。现在很多优秀的研究人员很年轻，这在以前是不太可能的。就是因为今天技术的融合和跨界，使很多很年轻的人可以冒出来。所以我反而相对乐观一些，我认为在以后还是会有非常多的机会可以呈现出来的。

担当不仅是纯粹的意愿，还是一种能力

——与北京大学法语系主任、翻译家董强面对面

导 言

导言：中法文化交流的“摆渡者”

200多年来，他是首位进入法兰西道德与政治科学院的华人通讯院士，他曾荣获法语国家联盟金奖、法国荣誉军团骑士勋章……眼前这位儒雅、风度翩翩的中国学者，几乎包揽了法国能授予一个外国人的所有奖项。

我国著名翻译家、北京大学外国语学院法语系主任董强，多年来通过翻译、创作、社会活动等方式，在中法两国的文化交流和传播中汲汲耕耘，因贡献突出，屡获殊荣，被誉为中法文化交流的“摆渡者”。

在北京大学外国语学院的办公室里，董强向记者诉说着北大的今昔变化和与母校的情缘。在他眼中，北大既传统，也现代，充满着人文精神的魅力，有着自己独特的教育生态。谈到自己挚爱的翻译事业，这位北大人更有一份真挚的情怀和作为学者的强烈使命感。

“进入21世纪，世界变得前所未有的复杂，世界上各文明间的冲突越来越强，这种冲突甚至强到了让我们诧异的程度。”董强认为，冲突的根源在于不同文明间的交流和了解不够，而翻译是建立文化间的对话、消除不同民族间的文化误解和陌生感的一门重要“学问”。

为了让西方更多地了解中国和中国文化，这位文学大师米兰·昆德拉的学生，在旅法期间就协助创办了出版社，专门向西方介绍中国文学和文化，王蒙、王安忆、苏童等作家的作品由此被陆续介绍到法国。他还在法国媒体上为人们讲解中华文化和故宫，教法国孩子写中国字，将《论语》《李白诗选》等中华文化经典译成法文。在中法关系低迷时，他又拉着拉杆箱跑遍法国各大城市做巡回演讲，他用法语跟当地民众对话，详细介绍中国文化和社会发展，还在法国举办了个人摄影展“穿越中国”。

怀着“不能通过法国人的眼光来看祖国”的初衷，在2001年时，旅法12年的董强应邀回到北大任教。在校期间，他主持了许多重要课程，既有本科生最基础的口译课，也有给研究生开的法国人文社科原著赏析。自2002年开始的六七年时间里，他一人翻译了20多部作品，被称为翻译圈的“拼命三郎”。

在2009年，为促进法语文学在中国的翻译和传播，鼓励更多人从事翻译工作，提升翻译家的地位，董强还与法国驻华使馆合作创办了“傅雷翻译出版奖”并担任组委会主席。近10年来，这一奖项已奖励了30多名中国译者，成为中法文化交流的重要平台。

董强深知，语言的力量，能消融误解的坚冰，促进心与心的沟通。“我就是觉得这些事该做，觉得自己肩负着很大的责任。”这位著名翻译家郑重地说，作为一名知识分子、学者、翻译家，“一定要有文化传播的责任感，要让西方更好地了解中国”。

众多专业和学科地不断壮大，形成了北大整体的学术气氛

记者： 您眼中的北大是怎样的？

董强： 对于一个大学的认识，其实在每个阶段，每个人根据自己不同的经历，包括自己的身份，都会有不同的理解。

比如说我在读本科的时候对北大的理解和考上北大以前对北大的理解，跟我出国以后对北大的理解，然后回到北大工作以后对北大的理解，以及慢慢工作了十多年以后看北大与中国一起发展以后的感受，都是不一样的。

每个阶段都有不同的认识。站在我的角度上来说，因为我是学外语的，我们有一个非常自豪的源头，就是同文馆。

同文馆诞生于1862年，比京师大学堂的设立还要早30多年。根据历史资料记载，进入20世纪以后，在20世纪初，同文馆才并入京师大学堂，成为京师大学堂的一部分。到了新中国成立以后，又有中法大学的一部分重要师资并入北大，所以等于说我们是两个源头的一个产物。

前一阵子，我组织了一个中法大学与北大的展览，从中学到了很多东西。其实我们心目中的"北大"两个字，在它120年的历史上经过了很多变化，包括扩充、开放、吸纳等等。

每个学科都有自己的学科史，每个专业都有自己的专业史。**正是由于众多专业和学科地不断壮大、不断融合，才形成了北大整体上的包容、全面的学术气氛和目前能够达到的一个学术架构，**这是我对北大整

体上的认识。

北大在我们外语这个领域里的教育，我觉得与中国所有的外语类大学相比，有着自己非常鲜明的特色。北大的教育是在强调文学、强调人文。

这十多年北大发生了很大的变化：感觉真的是在跑

董强：北大跟任何一个外国语大学比，更重视文学和人文，这是我们明显的优势，或者说是特点。当然，有优势，就会有缺陷。我们学法语的学生可能在口语表达、口头翻译上的能力就不如一些外国语大学出来的学生。但是，北大法语系出来的学生，在综合能力上都非常强，到了社会上以后很受欢迎。因为他不光有语言能力，还对整个人文社会学科、对这个社会有着更高的认识。所以说，我们每个学科都有自己的学科特色。

从我个人角度来说，我是20世纪80年代末从北大毕业的，后来出国，在法国生活了十多年。我回国时是2001年，那个时候的北大，跟我离开时的北大相比，改变的力度并不太大。从某种程度上来说，北大当时还是在沿用相对类似于我读书时期的管理方式，包括招生方式、教学方式等。而从2001年到现在，这十多年里，我个人觉得北大发生了很大的变化。

这个变化，跟整个国家近二三十年的变化是紧紧联系在一起的。我觉得北大真正在发力、在改革、在变化，其实也就是这近15年时间里的事。所以我很荣幸，作为北大的教授，能够正好赶上了这个阶段。

正值北大建校120周年，又是五四青年节，**我特别感受到了北大这种青春的力量。作为一个传统大学，它正在焕发出青春的力量，我觉得它有一种非常好的激情、动力，使得它真的在蓬勃发展。**

我觉得，**我刚回北大的时候，北大是在慢慢走的样子，现在感觉真的是在跑，而且是在发力往前跑。**

我们需要不断跨界：现在已越来越跟世界接轨了

记者：北大究竟是怎样在焕发青春？

董强：我觉得它现在已越来越跟世界接轨了，比如说这些年新的学科、学院的产生。北大刚刚成立了区域与国别研究院，前两年又成立了人文社会科学研究院，另外还包括其他的，比如对外汉语教学学院等。

我觉得北大在各个方面都有一些延伸和扩展，内部的调节也变得更加畅通。比如说，人文社会科学研究院就是一个很好的例子。因为人文社会科学是北大最大的强项。但是以前我们就觉得每一个系、每一个专业都有一个或者几个特别有名的老师，中文系有中文系的，哲学系有哲学系的，社会学系有社会学系的。

但现在不同了，因为各个学科之间打通了。**这个世界的整体趋势，就是我们需要不断跨界，能够有领域和领域之间的“火花”出现。我觉得，这非常有利于人文社会科学的发展。**

整个校园有一种现代化、年轻化的倾向

董强： 人文是北大的最强项，北大真正跟其他学校区分开来的最大亮点，就是这个。在这方面，一方面需要内部打通，另一方面可以更好地接纳国际上甚至包括国内其他院校的一些优秀老师或者学者，使北大成为一个非常好的平台。

整个学校的面貌也发生变化了，如有专门给大学生提供的大学生创业基地。在那里，大学生可以有自己的想法。学校还有各种咖啡馆，学生能够更好地在那儿学习、交流，这种状况使整个校园有一种现代化、年轻化的氛围。

同时，我办公室对面的朗润园，以前我们做学生的时候，包括我刚回来任教的时候，它一直处于一种可以说是荒废的状态。我们以前做学生的时候，走过未名湖基本上就不敢过来了，一到晚上就阴森森的，因为那里有很多破旧的房子。但是现在朗润园面貌一新，进驻了一些新的学科，包括国发院（原中国经济研究中心）、诗歌研究院、画法研究院，还有国际数学中心等。朗润园的建筑是古老的，在古老当中你可以看出它有一种传承。

从20世纪八九十年代，到21世纪初，北大都没有什么变化。朗润园最大的变化也就在这几年里，好像翻新也是在这四五年内。在这10年中，无论是在环境上，还是在人员规划、教学规划、科研上等，我觉得北大真是在发生一种加速度的变化。不仅如此，每年北大的学术评估，

也总是能够处在非常高的水平上，这就说明它还是有一套比较好的机制。

记者：没想到，朗润园原来是这样的。

董强：毕竟北大和圆明园、颐和园这么近。学校里有太多历史留下来的东西，像这种四合院，甚至皇家风格的园林，是中国特有的，它有一种传承，而一翻新，又大大增加了北大新的魅力。所以在未名湖的北边，就有这种明显的、古色古香的一个新环境。而在未名湖的南边，围绕着正在装修的图书馆周边，又专门为学生提供了各种文化空间，如电影院、咖啡馆等。从整体上，你就可以感受到学校的活力，一种真正的活力。

记者：这种活力感很强烈？

董强：我在国外也见过许多好大学，尤其是欧洲许多好的大学。这些学校有历史的厚度，但翻新、活力往往不够。可北大给人的感觉，就是在厚重的历史当中又有一种活力的注入，作为老师，能处在这样的校园中是非常幸福的。**我现在在北大校园里待的时间远远超过以前，一方面是因为工作，另一方面是自己乐意。我觉得这里整体环境非常好，适合我们做科研、做教学。它越来越吻合我心目中一个高等学府的形象。**

恒定心是一个真正好大学的根本保障

记者：学校内部的运行是一种怎样的机制？

董强：我还要强调一点，**北大的教学、科研的氛围很好，这使北大的老师、学生都能在比较好的、不太受到外界影响的一种环境下做学**

问，或者进行学习。这是一种很好的人文氛围。你甚至可以把它看作北大的一种生态，长期以来形成的一种生态。我觉得这种生态是绝对有利于教学、有利于科研的。

北大很少在大的范围内做一些完全受到外界影响或者是跟风的事情。**我觉得我们相对有一种恒定心，这种恒定心是一个真正好大学的根本保障。**它在教学、科研和价值判断上有一种比较恒定的东西，我觉得这个非常好。相对来说，它有一种独立性，机制运转得又比较好。

记者：您认为北大的人文传统究竟是什么呢？100多年积淀下来的精神和人文传统，您能感受到吗？

董强：**一切都需要比较。当你跟其他学校进行比较以后，包括跟一些国际上的学校比较以后，你就会发现北大的根扎得是非常坚实的。**它吻合当时蔡元培的教育思想，把自己真正地建立在了一个现代大学的概念上。比如说，人文科学有很多东西是建立在对西方的研究或者是对西方的引进上面的。我们可以想象，如果没有一些西方的现代学科甚至现代大学的概念，这些都很难进来，包括社会学、经济学、心理学等。

北大在120年的历史中，可以说在各个时代都吸收了世界上的一些精髓。除了在“文化大革命”那一段时间相对封闭以外，我们都能够跟上时代。“文化大革命”以后，在20世纪80年代，文化是呈爆发式增长的。当时北大吸纳了全中国最好的一些学生，生源很好，使得我们无论是在自然科学，还是在人文科学、社会科学上，在实现中西平衡、体现同步性上面，做得都比较好。

记者：什么是同步性？

董强：这种同步性，不是说我们要成为西方的大学，绝对不是这样一个概念，而是我们有中国的特色、北大的特色。如果没有这种相对同步性的话，一个大学很可能就无法在世界上立足。很有可能培养出来的学生“型号”跟人家不一样，甚至完全不一样，这就有点儿跟世界潮流不吻合了。

我想说的是，现在我们基本上能够实现与世界平等对话了。比如说，现在请来全世界最有名的社会学家、最有名的经济学家、最有名的人文科学方面的专家，我们在跟他们对话的时候，不会觉得和他们有差距，这与刚改革开放、刚粉碎“四人帮”时期不同，我们已经没有了那种想要迎头赶上的巨大差距感。这种感觉会越来越少，这就证明我们本身的水平在“水涨船高”。

从我的角度来说，**我邀请法国最有名的院士、诺贝尔奖得主来北大，我们不敢说跟他“平起平坐”，至少是可以跟他平等对话的，可以在同一种氛围当中用同一种认知的话语，进行交流和对话。**这里面也透露出我们的水平在提高。

记者：这是不是跟中国发展的大环境相关？

董强：跟大环境当然有关。但是有了大环境，可能在别的领域里，你也没有马上就可以对话的能力。因为如果没有研究，没有学术积淀，你可能在话语层面上可以对话，但内涵就不一定了。

但是在北大，你真正可以进行对话，这是北大的特点。

记者：您刚才说的，一个是恒定性，一个是同步性，这两个有什么关系？

董强：恒定性、同步性使我们可以跟国外最有名的学者对话，或者是在最前端的一些领域里面，我们都有自己的话语能力。不是话语权，是我们有自己的话语能力。

人生中很多东西，一半是偶然，一半是必然

记者：您在法国待了十多年，为什么又要回到祖国、回到北大？我看您在国外取得了很多成绩，为什么要回到母校从事教学工作呢？

董强：人生中很多东西，一半是偶然，一半是必然。其实当时回国，我身边很多朋友都是感到惊讶的。确实，当时我在国外的发展可以说正是越来越好的时候，是正在往上走的时候，但我硬生生停止了往上走，选择了回来。

回来的时候，就像我刚才描述的那样，当时的北大还没发展到今天这个份儿上。好多人以为我是什么“千人计划”的人才，其实我根本就不是。我可以说就是接受了我原来的学科，也就是北大法语系的邀请才回来的。法语系一些老师邀请我时说：“我们希望你能回来，你要是能够回来，肯定是会对我们的学科有帮助的。”这完全是朋友之间的一种许诺。除此以外，在学校层面，我没有得到任何特殊的东西。

也正因为是这样，我可以说是见证了北大是怎么一步一步在变的。我回来任教的时候北大的条件是特别差的，真的是不可想象的差。当时

我可以说是跟北大同命运了，就是随着它，和它一起发展。如果我是以特别好的、特殊的待遇回来，也许在有的时候我说话反而就没有底气。但现在我有底气，就在于我是这样一步一步地看着北大发展起来的。

中国要发生变化，如果我长期居住在国外，很可能会跟不上这种变化

记者：那究竟是什么吸引您回来的呢？

董强：我觉得，一方面，当时主要是因为师生间的友情吧，有老教授，也有一些同事的邀请。另一方面，就是我在国外当时已经生活了12年了。也可能是一种错觉，让我觉得我对法国的了解已经差不多了。我觉得可以在中法两国之间做一些事情，而不是简单地在一个国家里待着。

而且**还有很重要的一点，就是我预感到中国要发生变化。如果我长期居住在国外的话，我很可能会跟不上这种变化。这是非常重要的一点，因为我即便生活在了国外，我至少也必须是中国专家。**所以，如果我连国内的变化都跟不上了，不论是从学术上或者是智力上，在任何角度上，我认为自己都会是一个不称职的人，所以我必须回来。**这就好比社会学家必须进行田野调查一样，我必须对中国有一种真实的感受。我不可能通过西方的媒体去感受中国的变化。**因为我发现，那时候我了解中国，差不多只能通过法国的报纸和电视去了解。我觉得，如果再这么下去，我很有可能就会越来越迷茫，离真正的中国越来越远。

不能“嚼”他们“嚼”过的东西

记者：法国媒体对中国的一些描述是否客观？

董强：法国媒体整体上的可信度还是可以的。但无论如何，作为一个中国人，我不能通过法国人的眼光来看祖国。至少我得到的应该是一手的资料，我不能“嚼”他们“嚼”过的东西。

种种原因，使我当时觉得应该回来做点贡献。学了那么多年的东西了，应该回来，尝试一下。有这样的土壤，可不可以做一点有意义的事情？因为，毕竟在国外的那十多年里，我感受到了国外人文社会科学的新发展，这跟我刚出去时相比的话，确实是有很新的东西出现。

记者：回来以后感觉怎么样？

董强：事实证明，我回来以后，做了一些事情，我觉得至少对当时的中国来说还是超前的。今天我之所以能够比较自豪地接受一些东西，比如说荣誉也好，对我的认可也好，那是因为至少在我的领域里，我走在了别人的前面。

记者：为什么能走在前面？

董强：因为我在两个国家都看过，在两个国家都经历过，我知道什么东西是我们最薄弱的东西。比如设立“傅雷翻译出版奖”，到2018年已经是10周年了。我可以说是最早意识到中国翻译薄弱性的人，最早意识到需要加强这项工作的人。

目前，我们这个“傅雷翻译出版奖”已经设立10年了，现在在全中国可以说，在所有重要的文学奖项里面都增加了翻译奖。翻译家的地位，以及人们对翻译的重视，现在都不一样了。

翻译是把一种信息传到另外一个世界

记者：能否说说“傅雷翻译出版奖”?

董强：“傅雷翻译出版奖”主要是针对法语和中文的。我们设有奖金，每年有三个奖：一个是文学类奖，一个是社会科学类奖，一个是新人奖，鼓励年轻人的。原则上每一类奖有一名获奖者，有时候也不排除两个人同时得奖，主要是以书为单位。

记者：每年至少三个人，那这个奖项到现在是10年了。

董强：对，差不多至少已经奖励过三十多个人了吧。关键是它已经产生了真正的社会效应。比如说，支持我们的有中法两国的诺贝尔文学奖得主，法国有勒·克莱齐奥，中国有莫言。每年我们都会邀请中国最有名的作家、人文社科类的专家作为嘉宾评委，比如说余华、刘震云、毕飞宇、王安忆、董秀玉、李欧梵、葛兆光、朱青生等人，他们都参与了“傅雷翻译出版奖”的评选工作。

这个奖已经超越了简单的中法关系，还表达了我们对傅雷先生所代表的翻译精神的一种尊重。傅雷的翻译，影响了中国整个文坛，中国几乎没有一个作家没读过傅雷的东西。

记者：这10年以来大概有多少奖金呢?

董强：奖金每年就10万元，直接给译者。奖金的数目就目前来看不算很高了，但对于译者来说更多的是一种社会认可。因为一个译者得奖以后就变成了一个现象，得奖的人把这个奖看作非常崇高的荣誉。

记者：为什么要设立这个奖？

董强：“傅雷翻译出版奖”至少让人们意识到了翻译的重要性。这不是一个可以量化的东西，但是我希望能通过做这个，对当今社会做出一些贡献。其实，这件事在学校里都不算作一个业绩，但我仍然觉得这是一项非常重要的工作。

其他的，比如说我引进的东西，我自己做的一些课题，或者是我翻译的东西，也都很重要、很有意义。比如说，中国当代艺术现在发展得非常好，我翻译了法国的一些艺术书，我一点也不夸张，这些书在艺术界还是非常有影响的。我现在走到中国的任何一个地方，一些艺术家听说我去了，会非常热情地接待我，就是因为我翻译的书他们往往人手一册，有的还被当成了床头书。特别让我感动的是，很多艺术家告诉我，这些书甚至影响了他们的创作观念，影响了他们的创作道路。

文学方面，我也做了一些事情。我在回国之前就参与创办了一个出版社，出版了很多中国作家的作品，包括一些最有名的作家的作品，都是通过这个渠道在国外得到了认可。当时我只不过是出于一种热情，没有说像现在的年轻人创业，自己要拿多少股份，我都没有这种概念。纯粹就是为了做好一件事情，什么样的中国作家是西方人应该知道的，西方应该知道中国在发生什么，就是以这样一种观念去做的。

我觉得，总体来说，我对一些人文方面的判断，目前证明还是走在前面的。这也是法国人给我这些荣誉、给我“法语国家联盟金奖”的原因。我想，在全世界可能都没有几个国家有法语学者在做我做的这份工作，不光是翻译，而且是建立在翻译之上的研究和推广。

因为翻译是最基本的东西，没有翻译就没有交流。**翻译是把一种信息传到另外一个世界，是把一种思想传到另外一个世界。把它形成一个机制，在这个基础上你才有可能建立起文化之间真正的对话，消除民族与民族之间、文化与文化之间的误解，或者是陌生感。陌生感会产生误解，误解多了以后甚至会产生冲突。**

文明之间的冲突：强到了让我们诧异的程度

董强：翻译能够让我们去化解误解，让我们相互之间去加深了解，包括我当选为法兰西学院的通讯院士，我觉得也是因为这个原因。因为法国朋友意识到了一点，就是在法国都没有人在做这样的工作：把翻译上升到一个高度。

我觉得，**翻译是当代社会最重要的领域之一，不仅是说它是一个基础，而且是说它是最重要的领域之一。尤其是进入21世纪以后，世界上各种文明之间的冲突越来越强，而且这种冲突强到了让我们诧异的程度。这是一种倒退。其实经过了20世纪的洗礼以后，我们不应该发生这么低级的冲突，但它就是发生了。**

记者：为什么？

董强：我觉得，就是因为文明与文明之间的交流不够，就是因为相互之间的了解不够。而且在翻译方面，人们本身对翻译有太少的认识、太多的误解，总以为它是工具性的，甚至是实用性的。

就跟做学问一样，这需要一个非常恒定的基础，需要一个长期建立起来的相互了解，这是非常重要的。如果没有这个，21世纪的人文社科将会遇到非常大的障碍，它会出现瓶颈，出现很严重的瓶颈，这是我们不希望看到的。

这就是为什么我刚才提到的，不管是北大设立人文社会科学研究院，还是设立区域与国别研究院，这些事情都说明北大意识到了这种东西；意识到了无论是人文、社科，还是外语类，需要相互之间交叉起来、联合起来，要打通，这样我们才能够构建起新的东西，才可以做到让西方更好地了解中国。

记者：这一点，现在看起来似乎更加紧迫？

董强：**以前我们特别强调去了解西方，现在更重要的是怎么样能让西方更好地了解中国，这个目标必须是在同一种话语体系里面或者有话语的流通渠道才能够实现的。**

你必须有这个渠道，才能够把自己的话语传播、传达出去。如果渠道不存在的话，什么都是不可能的。即便是在今天，在互联网、自媒体高度发达的时候，你能够想象如果它没有一个非常好的翻译机制会是什么样的情形吗？没有好的翻译机制，一切都是不可能的。语言本身就是一个巴别塔（《圣经·旧约·创世记》第11章记载，当时人类联合起来兴建能通往天堂的高塔，为了阻止人类的计划，上帝让人类说不同的语言，使人类相互之间不能沟通，计划因此失败，人类自此各奔东西），这个巴别塔会使交流成为障碍，即使你有再发达的科技都没有用。所以**我们要通过翻译，打破学科之间、东西方之间的隔阂。**

文化自信非常重要。人为什么自信？建立在对他人了解的基础上才能自信。一个人光自己说自信，那不一定是真的自信，他可能是自狂，或者说是狂妄自大。真正的自信，是建立在对别人了解的基础上的。

中国现在敢说文化自信，是因为我们对西方的了解到了一定的程度了，我们才敢这么说。而且由于我们面对的这些问题，现在需要解决的一些问题，都是别人没法教我们的，我们必须以自己的方式去解决，这个时候我们就可以上升到一个文化自信的高度了，达到这个高度以后，我们才可以进行一种文化输出。这种文化输出，就是怎样将古代人的智慧和现代人的智慧放在一起，解决前所未有的问题，让十几亿人口的国家得以持续发展。

我们的文化自信是一步一步建立在这个基础上的，你光说自己很自信，人家会觉得，你凭什么自信？我们应该告诉人家，我们不光了解自身，其实我们也是了解你的，这是无数代翻译家辛勤工作和付出的结果。确实，在中国，尤其是在学术界、高校，那些研究人员是很了解西方的，**相对来说，西方对中国的不了解远远高出我们对他们的不了解。我们对西方的了解，高出他们对我们的了解，这是一个事实。**

要抓住一门语言的精髓，只有进入它的文化精髓才能抓得住

董强：目前所谓的人工智能“翻译”依旧无法代替真正的翻译，它达不到我们人类能够翻译的水平，还是需要我们自己去做。如果一个人至少掌握两门外语的话，我觉得很多事情就会迎刃而解。除了英语之外，如果你再会一门外语，你对世界的认识就会变得丰富得多，知识架构也会丰富得多。

我这里指的学习外语，不是简单地学会语言。因为**要抓住一门语言的精髓，你只有进入它的文化精髓才能抓得住。**你可以反过来想，人家

学我们的汉语，不可能因为简单地学了几句听起来发音很标准的中文，就认定他肯定了解了中国人的思维方式、生活方式。只有足够了解我们的文化传统，他才能够在语言上达到一定的水平。如果我们能够多学一门语言，我们整个知识结构说不定都会产生一些变化。

记者：那现在全国的翻译人才大概有多少呢？

董强：很难说出一个数量。翻译人才也分很多类。现在有一个很不好的倾向，就是把翻译工具化了。很多人进行各种各样的翻译学习，只是一种表面性的学习，没有深入外语内部，学习结构性的东西。

我们强调的是，**"翻译"这个行为不是简单的翻译，而是要在翻译过程中推动人文科学的发展，推出新的概念。**因为人文社会科学跟自然科学不一样。自然科学它是讲发现、讲发明的，发明一个新东西，可能就会改变人们的生活方式。但是**人文社会科学更在于提出一个新的观念，让人们能够更好地看这个世界，应对这个世界。**

放眼现在的世界，任何一个问题都可能是世界性的、全球性的，已经不单单是一个国家的问题。我们尤其需要翻译工作高度发达起来，这使我们能够共同应对这些问题，我觉得这是特别重要的。

译者往往是被遗忘在角落里的人

记者：我们的翻译力量好像还不足。

董强：我们有良好的传统，这个传统必须传承下去，我们才能够保持这样一种东西。为什么年轻人越来越不喜欢翻译这项工作？因为从事这项工作往往白费力气，既没有经济保障，也没有社会认可。这是我们设“傅雷翻译出版奖”的原因，我们就是要改变社会对译者的看法。

译者往往是被遗忘在角落里的人。其实译者做了这个社会里根本性的工作，无论从哪个层面讲，如果没有好的翻译，什么东西都建立不起来。比如**我们提到一本书的时候，往往只想到了作者，没有人会想到译者。只有一个人能让人想到译者，就是傅雷，所以我们要设“傅雷翻译出版奖”。**

很多人读巴尔扎克的书，他首先想到的是傅雷翻译的版本。读《约翰·克利斯朵夫》，首先想到的也是傅雷，甚至想不起这本书的国外原作者是谁了。但是在现在，在今天，你读任何一本书，你绝对能想到作者，但想不到译者。

记者：现在翻译不挣钱吗？

董强：尤其是学术性的翻译，几乎就是免费的，都是奉献，所以要设立翻译奖。而且我们还专门设立了新人奖，就是要鼓励年轻人，告诉年轻人，翻译是一个非常有意义的工作。甚至在教学生的时候，我会告诉他们：你最大的乐趣就是接近真理，没有别的。等到你发现自己看懂了那句话，而且你能用中文把它“说”出来的时候，那种乐趣就是给你的最大报酬。

文化自信、文化输出是联系在一起的。现在是有文化输出，但是你会发现还缺人才，就算你给再多的钱，也找不到那个合适的人。所以要从大范围来培养翻译人才，在大的环境上培育一种氛围。

我是好几个“中国文化走出去”基金的核心评委之一。但是我们会发现，很多时候把基金的钱给了一些人以后，好几年可能东西都出不来，或者是出来了以后他不敢让人看。有的时候就需要再去审查一下，看他到底做得怎么样。目前，很少有人有很高的翻译水平，出现了比较长时间的空白。“一带一路”沿线那么多国家、那么多语言，都需要有翻译，但是怎么可能在各种语言上都能找到那个好的翻译？即便找到一个懂点中文的外国人，他很可能也不了解中国的内涵。所以翻译工作是件很难很难的事情，是一个很大的问题。

不光是“一带一路”沿线国家的语言人才缺失，即使是传统语言，比如英语、法语、德语的翻译人才也一样很缺。

人文社科类一定要有新的突破性的东西

董强：**人文社会科学必须有新的创新，各个学术领域必须推出一些新的看世界的方式和新的观念。否则，大学将来很可能就会沦为一个纯粹的知识储藏地，很容易就会被人工智能或者被高科技所取代。**

21世纪跟20世纪差别太大了。在21世纪，20世纪大学的基本运作方式差不多已经穷尽了。像北大这样老的大学与全世界所有的大学都一样，正面临挑战，就是怎么去面对新的东西。很多人将来的求知方式、教育方式都会产生很大的变化，这个时候，尤其是人文社科类一定要有新的突破性的东西，而多语言、多元文化是产生这种突破的一个非常重要的条件。

记者：从这方面来看，北大应该发挥什么样的作用？

董强：北大在这方面我觉得是很有优势的，因为它的人文社科实力强，外语学院的实力也很强。比如在北大，一些相对偏的学科，像著名的东方学，在全中国甚至全世界都没有这么强的、有实力的学科。同文馆一直发展到今天，有这么久的历史也是北大的优势。

有一个数据你们可能听说过，就是北大的现代外国语言学科在世界大学里排在了第七位，这是中国在世界上排名最高的学科。在中国，很少有大学的学科可以在全世界排名这么高的。这说明我们有良好的传统，这些东西我们都是可以去挖掘的。所以我们经常说，好多北大的老师本身就是一座金矿。

建设双一流大学不要追求大而全

记者：您觉得建设世界一流大学、一流学科还有哪些不足和短板？

董强：这个，我没有话语权。一流大学谁说了算？怎么弄？我觉得完全是一个国家行为。就我个人的理解来说，首先，我刚才已经提到了，北大确实是在不断地往前走、往前发展，而且跟世界一流大学的差距越来越小。其次，如果说我有一个建议，就是不要追求大而全。任何一个机构、任何一个著名大学都有自己的强项，应该把自己的强项、优势保持下去，薄弱环节不要太薄弱就行了。不要太强调求全，就跟"圈地运动"一样，我得这儿有一个学院，那儿有个学院，我这个学科得有人，那个学科也得有人。大家都知道那句话，十年树木，百年树人。教育是需要有一定过程的，需要积累。一个好的老师的产生就要很长的时间，好的老师又要教出好的学生，这也需要很长的时间。

我们现在的社会，整体上越来越急功近利。不是指学校，是指人们越来越希望有当下的、能够马上解决问题的答案。但是绝大部分的知识不是说马上就能够用来解决问题的。我觉得，我们要在全中国形成这样一个概念：进北大、清华不是光要个文凭，甚至即便进不了北大、清华，我照样也能成为一个有用的人，而且有自己的人文社科修养，到这个程度，其实我们就真的是世界一流了。

如果北大能够起到一个带头作用、榜样作用，就非常好了。不要太追求大而全，而是它做出来的东西能够引领一种风尚，引领其他学校。

不是为了在指标上让别的学校向北大看齐，而是要让别人觉得北大做的东西是人们切切实实需要的东西，人们就会自动地跟着你、向你学习。如果有一天是这样的话，我觉得北大就真是世界一流的了。无论是教学体系，还是科研体系，把整个学科建设起来，一步一步地做出东西来，让同行也好，兄弟院校也好，都觉得应该在这方面向北大这个“老大哥”看齐，那样的话，北大就起到它应该起的作用了。如果纯粹说站在战略层面、国家层面，从硬性指标来看一流大学的话，我没有意见可以表达，也没有发言权。

想把翻译工作重新拾起来

记者：最近您在做什么呢？

董强：我现在想做一些学术研究，同时继续做翻译工作。因为组织“傅雷翻译出版奖”，我每年投入了很大的心力，这十年来自己反而没怎么翻译。我现在想把翻译工作重新拾起来，翻译一些经典作品也好、当今的作品也好，翻译一些我认为对当今中国特别有意义的作品。我会尽量每年翻译一本。

同时，我想进一步发挥法兰西学院通讯院士的作用。因为中国现在变化很大，希望能够通过我的翻译让西方了解，通过这个窗口让西方人对中国目前出现的一些新动向感兴趣。我如果能够做到这一点，那也算是一种功德吧。我们已经在太长时间内仅限于介绍西方的东西。其实对于中国，无论是它的发展，或者是它所面临的东西，都是全新的。

作为中国人，我们有自己的应对方式，有自己研究、探讨问题的方式，这种是人类非常珍贵的经验。既然有这个机会，我希望能够加强跟法兰西学院的合作，慢慢地以它作为一个窗口，在中法之间建立起一个更好的人文交流机制。

记者：您刚才说要翻译经典作品，能不能举个例子呢？

董强：我曾经把《论语》翻译成法语，还把李白的诗翻译成法语。我也翻译过现代的作品，比如，张承志的小说，有关故宫的记录……这些都是应当时法国出版社的要求而翻译的。接下来，我会更加主动地挑选书目来翻译，无论是从法语翻译成中文，还是从中文翻译成法语，都希望自己能做。

我还专门重译了一本著名的社会心理学专著，叫作《乌合之众》，这本书的最新版是我译的。其实这本书现在至少有十几个版本了，但很多是从英文翻译过来的，真正从法语翻译过来的可能也就一两个版本。前两个月我刚刚重新翻译了一下。我觉得这本书很重要，它影响了西方百年的社会心理学发展。像这样的书，我会比较有意识地介入。引进也好，推出去也好，都会比较有意识地去做。因为好多翻译工作都是出版社找上门来，你最后觉得可以译，有时间译，你就译了。

记者：您说，翻译不是单纯为了翻译，怎么理解？

董强：有时候判断很重要。当时我觉得《论语》好像从来没有中国人自己翻译的法语版本，我觉得我可以做，就做了。当然，翻译最好跟自己新领会的东西连在一起，能帮助自己思考，也帮助人们思考。就是要把翻译跟自己的学术、教学能够统一起来，形成比较良性的一种循环。

翻译的前提，是要拥有第一手材料，在第一手材料的基础上进行翻译。所以，你看我的翻译已经形成了比较完整的特色，就是往往我会写一个非常长的序或者跋，专门引导人们怎么去阅读，然后我还会在书出版后，在某本杂志上专门发一篇或几篇具有批评性的、评论性的文章。我这么做，就是为了让翻译形成一个体系，绝对不是简单地翻译一本书而已。我会尽可能在翻译之后，让人们能够围绕这本书进入某个领域里面去，或者希望这本书提出的问题能引起人们广泛的注意。这是我对翻译行为的理解。

记者：《论语》的法语译本效果怎么样？

董强：这涉及一个所谓销售途径的问题。我翻译的这本书，最早是作为我们国家领导人出访送给外国的礼物。现在至少在中法有些书店里，就是跟中国关系比较密切的书店里是肯定有这本书的，而且有其正规的销售渠道。但相对于法国出版社来说，这本书的受众面还是要小一些。

这也是我们遇到的一个大问题。中国文化走出去，到底是要把这本书放在哪里？是做做门面呢，还是真的要有销售量呢？这两者完全不一样。

以前中国有一套书叫“熊猫丛书”，那都是中国最棒的专家翻译的。但是我在法国读书时，“熊猫丛书”在法国市面上基本看不到，只是在一些中国的外文书店里面售卖，再由出国的人把书带出去。现在这种情况越来越不同了，因为中国政府也意识到了这个问题，在一些国家设立了文化中心，甚至在一些国家直接收购书店，或者自己在那儿开书店。

拉着一个拉杆箱，一个城市一个城市地去给法国人讲中法关系

记者：西方了解中国的需求强烈吗？

董强：肯定还是有的。比如，我刚到法国的时候，当时其实也是一半迫于生活压力，我就翻译了一本关于故宫的书。后来在2008年北京奥运会快要举办的时候，法国在2007年派了一个电视团队来拍故宫，专门请我做嘉宾，在故宫里面给他们讲中国文化。

他们为什么请我？就是因为看了我当时翻译的那本书。这是我当学生的时候一半出于无奈、一半为了生计而翻译的书。我从一开始就说自己不是故宫专家，但我既然翻译了这本书就要尽可能地了解故宫，给他们讲透。所以我运用我当时能够搜集到的关于故宫的所有资料，从各个角度引经据典，直接用法语写了长长的序。就是因为我写的这个序，那些电视台记者读完以后觉得可以拍这个东西，于是找了我，让我来做嘉宾，而没有找一个故宫专家做嘉宾。

这就告诉我们，只要你的东西在一个流通渠道上出现了，而且被人认可了，它就会产生影响。

当时那个电视节目在法国的收视率排在了第一位。我认为任何东西都是有因果关系的。但是我们现在老想要一个“果”，而不找这个

"因"。如果你没有准备，就什么事也做不成。就像毛泽东说过的，扫帚不到，灰尘照例不会自己跑掉。你的扫帚扫过来，这个灰尘才会被清扫掉。

记者：你肚子里得先有"货"才行。

董强：你一定要有前面的准备，才能切实抓住这个点。就跟按摩一样，按到了这个穴位，它才会产生有效的作用。很多时候，我做的事情都是自发性的，而且是超前的。所以，从某种程度上来讲，我觉得自己问心无愧，比较自豪。

我还自己一个人在法国做过讲座。当时是在2008年北京奥运会前夕，奥运火炬的传递，在法国发生了抢夺事件。在这之后，中法关系降温，中国出现了抵制家乐福的现象，有的法国老太太甚至不进中餐馆吃饭了。在这种情况下，我在法国做巡回演讲，一个人拉着一个拉杆箱，一个城市一个城市地去给法国人讲。那时候不光是在大学里讲，还被法国人安排在市政厅，给社会上的人讲，面对各种各样的法国人，我给他们苦口婆心地讲中法关系。

做这件事，没有任何人让我去，也没有政府的资助和帮助，是我自发地要去做这件事。因为一旦身处那个环境里，人会意识到沟通的重要性，而作为一个知识分子，作为一个学者，我觉得自己就是要有意识地去应对这样的事件。

我觉得，一个真正的人才是要能够应对问题的。并不是人家要求你去应对，你才应对。你必须有责任感。事情能不能做好，是另外一回事。但是你个人作为一个个体，你就要起到这个作用。

记者：您给法国人主要是讲中法关系吗？还讲些什么？

董强：什么都讲。我给他们讲中国的历史，讲中国为什么会走到今天，讲中国的教育都是怎么把人培养出来的，讲中国目前的社会状态，等等。

记者：讲了多少场？

董强：我连续讲了六七场，在法国的各个城市讲。

做这个演讲，就是为了修补中法关系。而且我每到一个城市，当地媒体都会报道我的讲座。做这件事情，我觉得就是一个个体的责任。一个个体，你要看你所处的位置，假如你是跟一万个人在一起，你很有可能就是万分之一。假如说你作为个体，正好处在某个事件发生的门口，很有可能你就是百分之百。我再说具体一点儿。比方说，一个大厅里面坐了一万个人，突然外面有一个声音说“恐怖分子要进来了”，如果你是在大厅里面，你就是万分之一，你很有可能就是受害者之一；假如说你正好在那个大厅门口，你看到了那个恐怖分子，然后你扑上去把他给摁住了，那你就是百分之百，而且你救了大厅里的一万个人！

位置不一样，所起的作用就完全不一样了，这只不过是打一个比方。作为一个从事文化交流工作的人，作为一个了解外国的人，有时候你很有可能正好就站在事件的风口浪尖上。因为正好你在那儿，而这个时候你发出的声音或者做出的一些事情，在当下都是非常重要的。

记者：您特别有担当和责任感。

董强：这就是一种自我意识。

记者：您做巡回演讲的时候，台下的反响怎么样？

董强：反响都不错。在市政厅里讲，听众全部是法国的老百姓。在大学里也讲过。最有意思的是什么呢？很多官员做完一个讲话以后，就走人了。而我不一样，我会在演讲结束之后回答听众的问题，跟听众互动。我能够来回互动，能回答一个小时。当时我在法国就是这样。

在巴黎的中国文化中心演讲那一次，当时我记得特别清楚，文化中心一开始请了一些老专家去讲中国文化，同时在当地又找了一个翻译人员来对演讲内容进行翻译。这样一来，往往效果极差，因为老先生们有时候只讲自己的东西，而中国的东西本身就很复杂，再经翻译，现场效果就差了很多。

当时那个中心主任一下子就想到了我，于是把我请去，让我直接用法文讲，不用翻译。我就在那儿做了两场报告，一场讲中国绘画，一场讲中国诗歌，而且讲完以后与法国听众互动，回答他们的各种问题。有些问题是关于他们读过的各种中国的书，我也一一解答。

讲完以后，当时好多法国听众写感谢信给文化中心，说感谢你们中国派这么好的专家来，我们没想到中国能培养出这么好的、能够用法语跟我们交流的专家。文化中心以前从没有遇到这样的情况。这说明法国人真感觉到我是在跟他进行对话的，而且解决了他们对中国的一些疑惑。我们需要这样的沟通工作，尽管特别累，但这样的沟通工作必须随国家的发展而相应地跟上。

记者： 您当时做的，就是修复中法关系的一种努力。

董强： 对，完全是民间性的、自发性的。

信任学生，让他们学到应对未来的能力

董强： 我个人认为，大学首先还是要有自己的特色。自己的根基是什么、强项是什么要弄清楚。还有一点，就是要遵循高等教育发展的规律，同时要充分意识到挑战。你到国外去看，基本上是随着人类的发展到了一定程度时，才出现了“大学”这个概念，而且是现代意义上的大学。现在已经进入21世纪了，在新的环境下，这样的概念本身就受到了挑战，所以必须有应对的办法。

我作为大学教授，有一个很深的体会，比如说，什么时候你的教学是成功的？以什么标准来判断你的教育是成功的？我本人有一个判断，就是培养出来的人应当有一种应对问题的能力。不是说你给他输灌了多少知识，你能够让他进什么学校深造、拿什么文凭，而是你教过的学生，他能够应对未来，能够应对各种各样的挑战。

因为世界变得越来越复杂，越来越不确定，这个时候一定要在高等教育体系下培养一些能够应对最复杂的局面的人才，培养一些我们需要的、真正的人才。无论是对科学现象、生命现象、社会现象，还是对国际问题等，我们要培养出能够应对这些问题的人。而这种应对能力不是纯粹靠教能教出来的，它需要一个非常浓厚的氛围、一种师生之间共同探索的机制。当然也更需要国家与国家之间的交流和共同发展，我觉得

这是将来高等教育必须面对的东西。

记者：北大学生应该在其中扮演什么样的角色，以更好地发挥作用？

董强：这是一个大问题，不是几句话能够说清楚的，因为涉及的东西太多了。作为老师，我的感受是一代人有一代人的特点。我回来教书才十几年，但我明显感觉到，比如说“80后”和“90后”就有差别，“90后”和“95后”又有差别，在不同的时期出现了很多新的现象。作为知识分子，最重要的一点就是要实事求是，看到什么就一定要对这件事进行有针对性的回答。如果纯粹只是靠一些虚幻的理论，或者是对社会现象视而不见，这个人就没什么出息，也不可能走得太远。

第二点，我觉得，**这个世界有太多的复杂性和未来的不确定性，现在的学生如果能好好面对这个世界、面对自己，我觉得他们将来就能够担当起重任。**希望外界不要给他们太多的压力，包括家庭、父母，不要给他们太多的压力。这个世界归根结底是年轻人的，国家的未来肯定也是年轻人的。也许他们找到的办法比我们好得多，甚至他们能够把世界弄得比我们想象的好得多。我觉得对于年轻人的态度就是要信任。

记者：存在代沟吗？

董强：代沟肯定是存在的。同时，我们肯定无法想象，等他们到了我们这个年龄的时候，世界会是什么样子。所以我还是那句话，培养人才，最重要的是要培养他们的应对能力。

我希望他们能够在北大，或者是在中国现在的氛围当中，在任何一个大学当中，能够慢慢学到一些应对未来的能力，而且是能够实事求是地去面对。如果能做到这一点就非常好。我有一种特别强烈的感受，就是这个世界在不停地变化，而我们学到的东西，至少有一半的知识很可能现在已经真的没用了，所以在这个时候一定要强调应对能力。

因为**所谓的担当，不是纯粹的意愿，担当还是一种能力，而且能力又不是技术性的东西。当我们说一个人的能力的时候，这种能力是一个完整性的东西，是一种心理能力，是一种认知能力，是一种能找到解决办法的能力。**

我特别希望北大作为一所综合性的大学，能在这么良好的传统基础上培养出有这种综合能力的学生。现在让我最担心的是动不动就出现学生心理素质太差、老师压力太大等问题。这些问题我每次听到都很心疼。其实我觉得这些东西都是不必要的。我们培养的人首先应该是健康的，应该具备一种心理能力、认知能力和找到解决方法的能力。从这个角度来说，大学目前有最好的体系、制度和环境，能够让青年学生安安静静地待上四年，或者七年，甚至十年，在这个过程当中培养自己。

什么叫培养？就像培养一棵树茁壮成长，在这个过程当中使人能够形成一种心理上的、认知的能力，能够应对未来的能力。

现在的大学生基本都是“95后”了，很多人几乎是被各方面呵护着在顺境中长大的。而在中国这种精英体制的要求下，有的人遇到一丁点儿小挫折就撑不住了，这是很不好的。

北大现在已经120周年了，想要重新焕发青春，还是要从我们强大的人文传统当中吸收营养。因为归根结底，教育就是培养人。在这个时候，我觉得我们应该信任这些孩子，尽可能给他们提供好的氛围，让他们能够好好地成长。

灵魂不朽　生命永恒

李　斌

人是万物之灵。生而为人，和动物最大的区别，就是有一颗充满思想、意识的大脑，有一个充满无限想象力、创造力的灵魂，它能感知现在，也能感知过去，甚至憧憬未来……而灵魂和灵魂之间，是可以产生共鸣的。

走进北大校园，与这些北大学者进行面对面的交流，每次采访时间虽然只有两三个小时，有些短暂，却能让人从一个个细节、一句句隽永的话语里，感受到他们富有学问的生命和闪耀着光芒的灵魂，使人产生一种强烈的共鸣感……

好看的皮囊千篇一律，有趣的灵魂万里挑一。这是一些有趣的灵魂，也是有个性、闪耀着智慧之光的灵魂。

共鸣，来自对不朽的憧憬。

中国人从几千年前就感叹时光易逝："逝者如斯夫""一生复能几，倏如流电惊"……

时光易老，生命短暂。无数文人墨客，徜徉天地，钟情山水，追求生命永恒，因此古代才有"三不朽"之说："太上有立德，其次有立功，其次有立言。虽久不废，此之谓不朽。"（出自《左传·襄公二十四年》）

美国现代哲学家詹姆士在《人之不朽》一文中曾经指出："不朽是人的伟大的精神需要之一。"肉体生命无法永恒，而思想可以穿越时空，实现永恒和不朽。

难怪北大在建校120周年校庆到来之际，再次将北大老师和校友的回忆文集命名为《精神的魅力》，袁行霈先生在非常简短的序中写道："更让我们魂牵梦绕的，乃是120年凝聚起来的精神，即永不安于现状，眼睛永远望着前方，不断探索、追求、创新。"而书的封面上这样写着："这真是一块圣地，近百年来，这里成长着中国数代最优秀的学者，丰博的知识，闪光的才智，庄严无畏的独立思想，这一切又与耿介不阿的人格操守以及勇锐的抗争精神相结合，构成了一种特殊的精神魅力，已成为这圣地的不朽的灵魂。"

韶华易逝，灵魂不朽。林建华、陈堃銶、楼宇烈、叶朗、袁明、姚洋、陈春花、董强……无数北大学者、名师，都在以自己的行动和实践，以持续数十年的坚守，甚至超越半个世纪的"布道""传道"，不断为北大"精神的魅力"注入新活力，一往无前，风雨无阻。

共鸣，来自对问题的直面。

问题，是时代的声音。

面对时代不断提出的重大课题，燕园内的这些名师勤于思考、敢于直言，将一腔热血、拳拳之心化作呼吁、建议。

长期从事国学研究的楼宇烈一针见血地指出：“人类还是要有一个坚守，文化更需要一个坚守。100多年来，我想我们对自己的文化坚守得不够。”

他敢于批评：“现在在我们的学校里，变成老师仅是来传授知识的，传授完了就完了。其实这不是一个光传授知识的问题，而是要与学生一起相互交流的问题，是一个教他们如何做人、如何做学问的问题。”

楼宇烈发出警告：“如果文化主体意识丢失的话，我们只能做别人文化的追随者，不可能有真正的自己。”

叶朗先生经常讲人生境界的问题。他说，一个人的人生境界、精神境界体现在各个方面。一个是在日常生活和衣食住行里，另外，一个人说话、吃饭、走路，以及工作和事业，都能体现出他的人生境界。

他尖锐地指出，文章一定要写得明白通畅，不要写得人家看不懂自己也看不懂，这种文风是极坏的文风。

在面对面的采访过程中，叶朗先生多次呼吁，传承中华优秀传统文化是大学重要的历史使命，要下功夫去研究和阐释中国优秀传统文化。

陈堃銶同样发出警告：“应用型科技成果，一定要经得起市场的考验，才能对社会有实际作用。我不能拿了国家的钱，只做了一个实验。”

姚洋没有人云亦云，他说："别的地方对北大人的看法是北大人不接地气。我觉得，在某种意义上来说，'北大人'就不应该接地气，北大应该培养思想家。"他"不太赞成北大学生去创业"，认为"北大的毕业生不应该去杀猪"。

对"我们的文化传统、儒家思想"，姚洋同样认为，"深挖得不够。我们应该把儒家传统重新拿回来。当然，怎么总结儒家文化是个很大的问题。"

一个个尖锐问题直指的背后，是一个个闪耀着勇气光芒的灵魂。在历经坎坷、不易之后，他们仍有这份坚持和执着，保持学者本色、赤子之心，令人动容。

共鸣，来自对未来的自信、自省。

我以前常说，旅游深处是文化，面对一位位学者、名家，一种强烈的感受是"学问深处是智慧"。

林建华说："我更喜欢鲁迅先生讲的那句话：'北大是常为新的，改进的运动的先锋，要使中国向着好的，往上的道路走。'前半句讲的是北大的社会责任和勇往直前的精神，不论任何艰难困苦、社会变动，它都会努力往前走，往前探索。后半句讲北大的探索和开拓是有方向的，是为了国家、民族和人类的发展进步。我想，这是北大传统的核心和灵魂。"

采访中，王选夫人陈堃銶教授反复强调一个词——"踏实"：诚实做人，踏实做事；许多事情都要一步一个脚印，踏踏实实，静下心来干；一定要沉下心来，踏踏实实地干；做事情真的要“顶天立地”，要踏踏实实……

楼宇烈先生一语道出中华文化的精髓：“最关键的问题还是做人，中国文化整个就是做人的文化、修身的文化，做一个真正的人，不要辜负‘人’这样一个称号。”

袁明教授提示：“中国与世界现在越来越不可分了，必须有全球的眼光，要有全球的视野。”“人类总要前进，就要培养更多有跨文化理念、跨文化能力的青年一代。”

姚洋这样说：“我们生活在中国，中国给我们提供了那么好的素材，我们这代人如果不利用起来，不仅对不起民族，也对不起自己。”

叶朗先生说：“‘接着讲’，要体现中国眼光、中国立场、中国精神、中国特色。最重要的是要求我们在美学、艺术学理论的核心区要有新的理论创造，要从大量的历史资料中提炼出具有强大包蕴性的概念和命题，形成一个稳定的理论核心，这个是关键，这是创造性的转化。”

楼宇烈先生坚信，只要有传递，还是能够产生学术大师的。不是有一个“钱学森之问”吗？“钱学森之问”是一个伪命题，我们不是没有人才，而是我们认同不认同这样的人才。

…………

叶朗先生对“欲罢不能”这个词特别有感觉。在他看来：“这就是北大的人文精神，‘欲罢不能’就是对中华文化和人类文明的一种献身精神，就是对个体生命有限存在的超越。因为个体的生命都是有限的，意义也是有限的。超越就是对一种更有意义、更有价值的人生的不懈追求，这是人生境界的体现。”

生命有限，超越无限！

我想，这就是燕园内许多学者自我的真实写照。

学海无涯。钻研深了，沉浸其中，其味无穷，其乐无穷——学术是有“味道”的。

学问之“味”，在于细品，在于对不朽灵魂的追求。

在我主编的《北京秘密：你不知道的“全域文化”之城》一书里，收录了《这个世界，有一种精神不死——三访燕南园》一文，在导言中，我曾这样有感而发：“究竟有什么东西是永不熄灭的火炬？是物质，还是精神？走进燕南园，你就会找到答案。”

我要说，也许，不用走进燕园，走进《学问的“味道”：与燕园“大脑”面对面》这本小书，你就会找到答案！

最好的缘分来自灵魂的吸引，最好的感情源自灵魂的共鸣！

这也是驱动我们始终抓住不放，历时半年多，试图从和燕园“大脑”的面对面访谈录中挖掘出一些“珍珠”的原因所在，也就是呈现在广大读者面前的这本小书……

感谢北大宣传部部长蒋朗朗等同人，感谢各位北大名师、名家的宽容，以及认真核对、反复修改。感谢出版社的厚爱。

2019年10月